LE

SUFFRAGE UNIVERSEL

ET LE

PROBLÈME

DE LA

SOUVERAINETÉ DU PEUPLE

PAR

P. BROUSSE

Membre de l'Internationale

GENÈVE

IMPRIMERIE COOPÉRATIVE, RUE DU CONSEIL-GÉNÉRAL, 8.

1874

LE SUFFRAGE UNIVERSEL

ET LE

PROBLÈME DE LA SOUVERAINETÉ DU PEUPLE

PROLÉGOMÈNES

Si les éléments constitutifs de l'Etat, éducation officielle, suffrage universel, gouvernement, magistrature, armée, police, etc., bornaient leur prétention au rôle matériel qu'ils jouent en réalité, à celui de simples rouages de la machine gouvernementale, il suffirait de ruiner l'Etat considéré dans son ensemble, pour qu'en bonne logique il le soit aussi dans chacune de ses parties. Le mécanisme autoritaire, condamné dans son principe, dans son objet, dans son application, qui donc parmi ses adversaires oserait défendre les différentes pièces qui le composent ? Malheureusement, le charme inconcevable qui s'attache à nos institutions gouvernementales nous avertit que les choses ne se passent pas dans la pratique avec cette simplicité. Chacun des éléments constitutifs de l'Etat, en effet, loin d'avouer le côté purement mécanique de son rôle, le cache à la faveur d'un principe spécial, à l'aide duquel il se fait accepter par le peuple.

L'éducation officielle, convaincue de n'avoir qu'un but,

mouler dès l'enfance le cerveau humain afin de le rendre plus apte à accepter le principe de l'autorité; le suffrage universel, convaincu de ne servir qu'à la constitution du gouvernement; la magistrature, convaincue d'être un instrument de combat; l'armée, convaincue d'être l'organisation des hécatombes populaires; toutes ces choses trouveraient-elles parmi nous un seul défenseur? Nous ne le pensons pas. Pourrait-il être utile de les attaquer? Nous ne le croyons pas non plus; et, en ce qui nous concerne, nous garderions le silence. Dans une brochure publiée à l'occasion des projets fusionnistes que l'on nourrissait à l'Assemblée de Versailles (1), nous avons cherché à démontrer le caractère oppressif, anti-révolutionnaire de l'Etat; avons-nous réussi? Nos efforts ont-ils été stériles? Nous l'ignorons; mais, succès dans un cas, incapacité dans l'autre, ce sujet nous serait désormais interdit. Ecoutons maintenant la voix du monopole. L'éducation, c'est le développement intégral de l'être humain; le suffrage universel, l'expression sincère de la volonté collective; le gouvernement, le défenseur de l'ordre; la magistrature, la dispensatrice de la justice; l'armée, la protection du territoire et du travail national! Aussi, l'Etat ruiné dans son tout, chacune de ses parties subsiste, vit d'une vie propre, grâce au principe auquel elle s'attache. De sorte que, comme certains parasites du corps humain, l'Etat, ce parasite du corps social, peut parfaitement renaître de ses débris.

Il ne nous suffit donc pas de renverser en bloc l'édifice autoritaire, pour que toutes les colonnes qui le soutiennent s'écroulent avec lui dans le passé. Il faut le fouiller jusque dans ses fondements, n'en pas laisser pierre sur pierre; démontrer que ses éléments n'ont rien de commun avec les

---

(1) *L'Etat à Versailles et dans l'Association internationale des Travailleurs*.

principes spéciaux dont ils se parent, leur rôle mécanique dans le système étant seul une réalité.

Voilà la démonstration que nous essayons aujourd'hui pour le SUFFRAGE UNIVERSEL.

Nous commençons par lui, parce que, origine des gouvernements modernes, il est le premier dans l'ordre logique; parce que, des attaques récentes lui font, aux yeux des travailleurs, une nouvelle virginité; parce qu'enfin nous avons hâte de justifier le jugement porté sur lui, dans le dernier congrès de Genève, tenu le 1er septembre 1873.

Quant au plan qui sera suivi dans ce travail, il se déduit naturellement des considérations qui précèdent. *La génération historique du suffrage universel* établie, nous démontrerons que le vote étendu à tous ne peut être l'expression de la souveraineté collective, autrement dit, qu'il n'y a pas, qu'il ne saurait y avoir de *suffrage-principe.* Si nous en restions là, notre étude serait incomplète. Un doute persisterait dans l'esprit du lecteur; on n'apercevrait pas l'institution destinée à remplacer le suffrage et on ne se rendrait pas compte de l'importance prise par le vote dans la pratique des sociétés modernes. Pour obvier à ce double inconvénient, nous serons obligés d'aborder en premier lieu le *problème de la souveraineté du peuple,* d'en donner une solution, de rechercher ensuite la cause de l'acceptation quasi-universelle du suffrage, et cette cause, nous la trouverons dans l'emploi du *suffrage-instrument.* Nous terminerons enfin par l'étude de tous ces côtés de la question, suffrage-principe, suffrage-instrument, problème de la souveraineté du peuple, non plus dans la société moderne, mais dans une société où l'expérience est déjà plus complète. Nous voulons parler de l'*Association internationale des Travailleurs.*

Génération historique du suffrage universel

C'est comme expression sincère de la souveraineté nationale, comme principe, que le suffrage universel a fait son entrée dans le monde politique. Mais ce problème de la souveraineté collective et cette solution, le suffrage universel, qu'en a donnée le radicalisme, ne sont pas nés simultanément dans la conscience populaire. Le problème a été posé en 1789 par l'Assemblée constituante; la solution n'a guère été admise qu'en 1848, époque à laquelle le suffrage universel fut proclamé et mis en pratique par le gouvernement provisoire. 1789, 1848, voilà bien les époques du triomphe, mais ce serait une erreur de croire que la connaissance, même approfondie, de ces deux périodes révolutionnaires suffise pour se rendre compte de toutes les difficultés soulevées par ce grand problème moderne. A l'histoire du triomphe, il faut ajouter le récit de la lutte, en deux mots, parcourir tous les anneaux de la chaîne historique à laquelle se rattache le sujet qui nous occupe. La méthode d'investigation en usage dans les sciences physiques et naturelles est tout aussi indispensable dans les recherches d'ordre sociologique. Qui ne sait que l'étude d'un corps ou d'un organisme pris isolément est toujours peu fructueuse ? Le chercheur se garde bien de détacher l'objet de son observation de la série naturelle qui le renferme; il n'ignore pas que les termes qui précèdent ou les termes qui suivent jettent toujours par leurs caractères, sur la nature de celui qu'on examine, une lumière précieuse. Il sait encore que c'est exclusivement en s'élevant à ces vues d'ensemble que l'on peut arriver à la connaissance des espèces éteintes, à la prévision de celles qui sont encore inconnues. Ici, nous ferons de même. Nous prendrons la volonté collective au moment de sa naissance, nous fouillerons son passé alors que l'on lui contestait encore le caractère souverain, son présent, époque à laquelle on le reconnaît; cela nous permettra de prévoir l'époque prochaine où cette volonté indiscutable sera mise en possession complète de sa souveraineté.

Avant d'agiter la question de savoir si la volonté collective du peuple devait être ou non obéie, il est certain que les hommes ont dû se demander si cette volonté était une réalité ou bien une figure. Il est probable que son apparition coïncide avec celle des premiers embryons sociétaires, mais il est impossible d'établir la date certaine de sa naissance. Son origine se perd dans la nuit des temps. Nos connaissances ne prennent à ce sujet un caractère de certitude que lorsque commence son rôle dans l'histoire.

La *première période* de cette histoire commence en France sous la monarchie de droit divin. On admettait bien alors que le peuple eût une volonté, mais on traitait cette volonté comme celle d'un enfant. On écoutait parfois les désirs du peuple; s'il paraissait raisonnable, on voulait bien exaucer ses prières, mais si ses désirs semblaient être de purs caprices, on se réservait le droit de les repousser. Jamais on n'eût songé à soumettre à une assemblée de légistes la forme ou la politique des gouvernements. Le Roy, institué par la divinité, *père* de son peuple, savait, paraît-il, mieux que personne, ce qu'il était possible de faire dans l'intérêt du pupille confié à sa garde. C'était l'époque des gouvernements prétendus paternels. — Mais à quelque titre que l'on consultât le peuple, pour écouter ses plaintes ou ne pas tenir compte de ses désirs, il n'en était pas moins nécessaire d'établir sa volonté d'une manière authentique. Pour cela il fallait un moyen. On imagina de lui faire inscrire « ses sollicitations et ses humbles remontrances » dans des « cahiers » que l'on confiait aux députés des « Etats. » Cette première représentation par le suffrage se ressentit des mœurs de la famille féodale; à cette époque, les enfants n'étaient pas égaux en droit devant le père, aussi les envoyés de la famille nationale étaient-ils parqués en trois groupes, en « trois ordres, » le Clergé, la Noblesse, le Tiers-Etat. Ces trois ordres réunis sous la présidence de la couronne constituaient sous le nom « d'Etats généraux » les assemblées du temps. Celui enfin qui avait le droit d'accepter ou de repousser les vœux du peuple, le *père*, nous voulions dire le roy, restait maître absolu encore dans le domaine de l'exécution. — Il faut croire que le peuple-enfant se montrait souvent fort capricieux, car nous voyons le pouvoir se défier de sa sagesse et ne l'interroger que par intervalles. On ne songeait en effet à lui demander son avis que dans les moments de grandes calamités publiques; au moyen-âge, en présence de l'occupation anglaise, plus tard en face de la banqueroute et du déficit. Dans ces circonstances, il est vrai, la parole du peuple se montra souvent bien forte, bien impérative, bien fière; il était facile de prévoir le jour où elle entendrait être obéie.

En 1789, cette prévision se réalisa. Les fautes et les désastres qui marquèrent les dernières années du règne de Louis XIV, les orgies et les turpitudes qui déshonorèrent celui de Louis XV, firent enfin comprendre au peuple que le *père* gaspillait souvent les deniers de la famille et se montrait peu ménager du sang, de l'honneur et de la liberté de ses enfants. Cette conviction une fois faite dans l'esprit de tous, le peuple résolut de gérer désormais ses affaires lui-même. Le *père* résista; on l'enferma et on alla même plus tard jusqu'à lui couper la tête. Depuis, la volonté populaire est souveraine, la consulter devient obligatoire, lui obéir un devoir. A cet instant commence la *seconde période* de l'histoire de la souveraineté du peuple. Cette souveraineté, reconnue en théorie, va-t-elle au moins être réalisée dans la pratique ? Il eût été fou de l'espérer. Le progrès ne va pas si vite en besogne, il n'avance que pas à pas. On était habitué aux Etats généraux, on ne sut pas sortir de la routine. La députation fut toujours considérée comme la manifestation sincère de la volonté nationale. Tout se borna à deux réformes : les Ordres disparurent et l'unité se fit dans la représentation ; la représentation reçut une mission nouvelle, le mandat de constituer un pouvoir exécutif pour remplacer la royauté abattue. Le droit de suffrage devint donc non-seulement le moyen de connaître la volonté collective du peuple, mais encore l'instrument destiné à constituer un organisme chargé de la faire obéir. Toutes les préoccupations des partis ont eu depuis un objectif unique, organiser la sincérité du suffrage. Les moyens qui, pour cela, furent mis en œuvre, se bornèrent d'abord à l'introduction de restrictions sans nombre dans l'exercice du vote, pour aboutir ensuite à l'établissement du suffrage universel. Ce progrès, que le radicalisme a apporté dans la matière, est-il parvenu à rendre fidèle la manifestation et l'exécution de la volonté collective ? Evidemment non ; universel ou restreint, le suffrage ne pouvait être l'expression que de la volonté d'une majorité ; majorité restreinte d'abord aux seuls favorisés de la fortune, étendue ensuite à toute la nation, mais demeurant toujours majorité quand même.

Les considérations qui précèdent semblent faire prévoir que le problème de la souveraineté collective entrera prochainement dans une *troisième période* historique. Certes, le peuple ne permettra plus que l'on discute sa volonté, il exigera toujours l'obéissance, mais de plus il exigera qu'on ne confonde plus sa souveraineté avec celle d'une majorité quelconque. Sa volonté se fera, se manifestera par ses propres actes; il voudra se passer de ses gênants, coûteux intermédiaires, de ces députés fournis par les « classes dirigeantes, » et s'il se sert encore de commis, ce sera lorsqu'il le jugera convenable et seulement pour des choses de détails comme celles qui touchent aux besoins administratifs. Sa volonté fut un désir, il regarde comme un progrès qu'on l'ait proclamée souveraine, mais comme il ne s'aperçoit pas, d'une part, qu'elle soit identique à celle de la majorité que l'on met à sa place, de l'autre, qu'on l'écoute, il est probable qu'il voudra la manifester, la faire lui-même, de la *parole* passer à l'ACTION.

En résumé donc, trois périodes historiques dans le problème de la souveraineté du peuple, le passé, le présent et l'avenir. Le passé? c'est-à-dire la période nobiliaire qui faisait peu de cas de la volonté collective. Le présent? c'est-à-dire la période bourgeoise qui a proclamé cette volonté souveraine; cette période commence en 1789, notre siècle la verra finir. L'avenir? c'est-à-dire la période socialiste.

La première période, c'est la négation de la souveraineté du peuple.

La seconde, c'est l'affirmation de cette souveraineté, mais son remplacement au moyen du suffrage restreint ou étendu à tous par la souveraineté des majorités.

La troisième sera la réalisation de la souveraineté collective trouvée dans le peuple lui-même, dans le peuple scientifiquement organisé, maître de ses organes, la commune, la corporation.

Le Suffrage-principe

Erigé en principe, le suffrage est à l'ordre du jour. Désormais comme l'élixir du charlatan, il a réponse à tout. C'est la panacée universelle.

Toutes les questions lui sont familières. Il apparaît en tous lieux. Il a mille interprêtes.

S'élève-t-il une difficulté dans le monde judiciaire, politique, économique, religieux ? vite le Droit de suffrage! On vote à l'académie, au parquet, à la Chambre, dans les assemblées populaires, aux conciles. Ou dans l'urne, ou par gestes. On opine du bras, de la main, du bulletin, de la voix, du croupion, de la tête; on vote même en s'abstenant.

Le suffrage ne se contente plus d'être un principe, il les chasse tous, ou du moins, il les devient lui-même. Il est le principe de la vérité, le principe de la foi, le principe du droit, le principe de la justice. Mieux que cela, il est le principe de la souveraineté du peuple. Il remplace l'antique absolu, *vox populi*, *vox Dei!* Inclinons-nous, voici le Dieu moderne.

Je le veux bien. Mais, comme on a jugé les autres dieux, je demande qu'à son tour on le juge.

Nous ne prenons pas la peine de nous demander le rôle que peut jouer le suffrage comme criterium de la foi. Que le saint-esprit invoqué par des prélats fasse circuler l'urne religieuse sur les bancs des conciles, que la parole qui sort de cette urne soit un dogme comme celui de l'infaillibilité, tout cela nous importe peu. Nous laissons ces sottises aux farceurs qu'elles intéressent, aux parasites dorés, aux pères Hyacinthe du présent et du passé, espérant qu'il n'y en aura plus dans l'avenir. Mais que l'on soumette une question de science à la loi du vote, nous ne l'avons jamais compris. De quelle considération peut donc être sur le terrain scientifique la puissance du nombre ? Y verrait-on un moyen de recherche ou serait-elle une garantie, une force de consécration ? Ni l'un ni l'autre, assurément. Les sciences exactes, la sociologie comme les autres, procèdent par l'observation, l'expérience, le raisonnement, la déduction logiquement conduite; la brutalité du nombre n'a pas place en cette méthode. Découverte, la vérité n'a que faire d'une consécration numérique. Disons mieux, la vérité, au moment de sa naissance, a toujours le plus grand nombre contre elle. Dans toute manifestation du suffrage, en effet, trois groupes se produisent, une majorité, deux minorités. Une minorité qui fut maîtresse hier et qui fuit dans le passé avec l'erreur de la veille; une majorité toute puissante dans le présent qui protége un mélange de faux et de vrai; une minorité courageuse enfin, formée depuis peu, souveraine bientôt, qui proclame un nouveau principe, utopie maintenant, demain réalité lumineuse! Et les conflits d'intérêts, prétendez-vous les trancher aussi à la majorité des voix ? Qui donc trouverez-vous qui veuille se soumettre à semblable arbitrage ?

D'ailleurs ces étranges prétentions découlent toutes d'une seule, qui est la principale et qu'il nous reste à ruiner : le suffrage, expression de la souveraineté du peuple.

Dire que le suffrage est l'expression de la souveraineté du peuple, qu'il suffit à la fois à sa manifestation et à son exécution, c'est avancer:

1° Que la volonté du peuple peut être établie d'une manière authentique;

2° Qu'il peut exister un organisme au moyen duquel cette volonté soit toujours obéie.

A moins donc de déclarer insoluble le problème de la souveraineté du peuple, tous ceux qui déclarent en être les partisans doivent admettre ou — *que le peuple peut être consulté, qu'il peut répondre, qu'il y a moyen d'établir l'authenticité de sa parole, de constituer un organisme pour en assurer la souveraineté,* — ou bien — *que le peuple peut se passer d'exprimer ses désirs, sa volonté se manifestant et s'exécutant par ses propres actes.*

La première opinion est celle de nos radicaux. D'accord, nous l'espérons, avec tous les révolutionnaires, nous adopterons la seconde dans le paragraphe suivant.

Le peuple parle-t-il dans le sens matériel du mot? Et s'il parle, quelle est la langue dans laquelle il s'exprime? A-t-il des yeux pour voir, des oreilles pour entendre, une bouche pour parler? Et sa voix, s'élève-t-elle d'une manière continue, ou comme celle des prophètes éclate-t-elle par intermittences? Qui donc ici sera révélateur, qui se chargera d'établir l'authenticité de la parole du peuple? M. de Falloux chantant aux pèlerinages, ou M. Gambetta pérorant sur son balcon? Dans le domaine de l'exécution il lui faut un organe; quel sera-t-il? Sa volonté enfin, comme toute volonté personnelle, est-elle susceptible de faillir, peut-elle n'être pas légitime?

Vous souriez, n'est-ce pas, de cette personnification à outrance du peuple? Eh bien, le radicalisme a réponse à toutes ces questions.

Pour lui, le peuple parle, et à côté des complications, des obscurités, des longueurs dont la langue qu'on lui prête fourmille, toute parole humaine est d'une étonnante clarté. Voyez, c'est de la profondeur de l'urne électorale que s'échappe en bulletins, syllabes monotones, le verbe populaire. Bégaiement dans la salle de vote, il s'achève pendant les intérims à la tribune de l'Assemblée. Éloquence étrange, n'est-ce pas, que cette éloquence à deux termes, celle du nombre et celle du député? Nous avions cru, nous l'avouons, plus claire et plus puissante, la parole du peuple, quand nous écoutions les récits de ceux qui l'entendirent en 93, en 1830, en 1848! Mais la voilà enfin formulée en lois cette parole souveraine. Qui va nous forcer d'obéir? Le pouvoir exécutif, étrange assemblage de ministres, de présidents, de consuls, de directoires, de tribunaux, de police et de soldats. Au moins, avant de nous soumettre, épelons le langage du peuple, assurons-nous qu'il est authentique, ne soyons pas les jouets de prophètes imposteurs.

La manifestation de la volonté collective se produit dans ce système par l'intermédiaire de deux opérations successives, le choix populaire du représentant, l'élaboration parlementaire de l'idée. Le premier travail s'opère dans l'urne électorale où chaque citoyen apporte le bulletin sur lequel il a écrit le nom du candidat qu'il désire, le second se fait au fond de l'urne législative dans laquelle chaque député vient déposer son vote individuellement motivé. Nous voyons bien, au moment du dépouillement, sortir de ces deux urnes les opinions personnelles de tous ceux qui, dans les comices ou à la Chambre, ont pris part au vote, mais nous sommes encore en présence d'un simple pêle-mêle, d'un véritable chaos. Une chose reste à faire, déduire, remonter de cette expérimentation des tendances des éléments du corps électoral ou du corps législatif à une pensée unique, systématique, générale, qui puisse être regardée comme celle du peuple. Le peuple, en effet, au même instant, ne peut pas désirer *oui* et *non*, vouloir *blanc* et *noir* tout ensemble! A ces conditions seulement le suffrage universel, ayant un caractère synthétique, une faculté d'unification, pourra être regardé comme l'expression de la volonté collective. Examinons s'il en est ainsi.

Entrons d'abord dans la salle du scrutin. Là, au premier aspect, une chose nous frappe. Ce système du suffrage prôné par nos radicaux n'est rien moins qu'universel, malgré le nom qu'il porte. On écarte des urnes les femmes et les adolescents! Comment, on fixe à 21 ans l'âge de la capacité électorale? Pourquoi pas à 20, à 19, à 18? Estime-t-on que le vote des Viala, des Barra, de tous ces gamins de Paris dont la race a été immortalisée par Hugo dans la personnification de Gavroche, ne vaut pas celui d'un sacristain de village? On élimine les Georges Sand, les Louise Michel! Ils ont donc résolu, et par l'affirmative, le problème de l'infériorité du sexe? Qu'ils lisent donc l'histoire de nos mouvements révolutionnaires, et ils verront ce qu'on fait les enfants et les femmes; au moins autant que les hommes; et généralement ces faibles ont beaucoup plus souffert. Quelle idée ont-ils donc du peuple pour l'ébrancher ainsi? Mais la femme, l'enfant, produisent dans les miasmes des manufactures, pendant que le patron, qui est électeur, se repose et jouit! Mais tous les âges, tous les sexes, toutes les forces, toutes les faiblesses, toutes les misères, toutes les vertus, tout cela est le peuple, le peuple que vous remplacez par je ne sais quelle cohue électorale, artificielle, sans liaison, sans force, sans vie! On avouera que sur ce terrain, du moins, au lieu d'être un moyen d'unification, le suffrage dit universel est déjà un instrument d'ostracisme.

Mais laissons ce sujet, car le vote est terminé et le dépouillement s'achève. Nous avons là, sur une table, devant nos yeux, les bulletins qui portent les noms des candidats. On compte ceux qui sont identiques, on décide la question de majorité, et, ce beau travail de synthèse fini, on s'écrie, voilà le représentant du peuple! Des cris remplissent la salle, vive la république, le roy ou l'empereur, suivant le côté qui triomphe, et la foule se dissipe, et le peuple pour sept ans peut-être, rentre dans son silence et reprend son sommeil. Mais qui donc est représenté ici, à part le parti qui triomphe? Demandez à ceux qui s'en vont tête basse, ils vous diront s'ils se sentent un représentant dans l'élu de la journée? Amère ironie, la majorité est d'une voix peut-être! N'importe, le suffrage universel a prononcé. Quoi donc? L'ostracisme de la moitié des électeurs.

Si nous avions le temps d'aller jusqu'à la Chambre, nous verrions la même farce se reproduire. Ce qui vient d'être fait ici aux hommes, là-bas on le fait aux idées.

Et c'est après cette élimination des hommes par l'urne électorale, après cette élimination des idées par l'urne législative, que la pensée victorieuse et le gouvernement vainqueur viendront nous demander obéissance comme représentant la souveraineté du peuple? Il nous est impossible de voir en eux autre chose qu'une domination de majorité.

Oui, gouvernement d'une majorité! Voilà, malgré les hypocrisies, les sophismes, la pauvre logique des radicaux, la réalité du système. Il remplace, ce système, le peuple par les électeurs, les électeurs par les votants, et ceux-ci par leur majorité. Voilà le travail de l'urne électorale. Le parlement vient à son tour, qui substitue à l'opinion des députés celle d'une majorité parlementaire. Voilà la besogne de l'urne législative. La volonté qu'exprime, l'organe exécutif que constitue le suffrage même étendu à tous, ne sortent donc ni du peuple, ni du corps électoral, ni même de la majorité de l'un ou de l'autre, ni des députés, mais de la seule majorité parlementaire. Ce système n'est donc pas l'unification des tendances individuelles des éléments qui forment le peuple; ce qu'il est, c'est l'ostracisme partout et toujours, l'ostracisme à plusieurs degrés, l'ostracisme de l'homme, plus l'ostracisme de l'idée.

Le Problème de la Souveraineté du peuple

Est-ce donc un problème insoluble que le problème de la souveraineté du peuple? Faut-il biffer l'histoire et déclarer que les efforts de l'humanité, cherchant à travers les âges la formule sincère de la souveraineté collective, sont condamnés à l'impuissance? Les Etats-Généraux, le droit de vote, le système représentatif, le suffrage universel, toutes ces étapes, toutes ces victoires que le peuple a payées de la prison, de la fusillade, de l'exil, sont donc devenus conquêtes inutiles? Si le peuple ne peut parler, dira-t-on, s'il n'existe aucun moyen assuré de constater sa volonté souveraine, il ne nous reste qu'une chose à faire, amende honorable et nous réfugier impuissants dans le passé. Non, certes. La solution approche. Un pas de plus, nous touchons à la terre promise. Que faut-il pour l'atteindre? Marcher seulement. Sous prétexte de progrès accomplis ne pas piétiner sur place, ne pas s'obstiner à s'embourber dans cette mare du suffrage-principe. Il ne s'agit nullement de renier nos pères, mais d'imiter leur audace. Nullement d'effacer notre histoire, mais il s'agit, en véritables disciples de la méthode expérimentale, d'en bien comprendre les enseignements.

Essayons.

« Je pense, donc je suis, » a dit un philosophe. C'était déjà pas mal, mais un autre a fait mieux. Comme on niait le mouvement il se mit à marcher devant les incrédules; on prétend qu'ils furent convaincus. Telle est la logique du

peuple. A certains moments historiques, le parlage des assemblées, le bavardage de la presse troublent seuls le silence du monde. Que de pygmées à parole ronflante se prétendent alors les organes du peuple, et, dans le gouvernement ou dans l'opposition, veulent être obéis! Mais tout à coup le peuple que l'on croyait endormi, se lève formidable, tout bruit expire sous le bruit de ses pas; aux coups qu'il frappe, amis et ennemis reconnaissent sa présence. Tournez la tête, assemblées et gouvernement ont déjà disparu. Qui donc était chargé de notifier à tous la volonté populaire! Personne; ces jours-là le peuple opère lui-même, fait lui-même sa volonté. « J'agis » — pourrait-il dire — « donc je suis souverain. »

Nous sommes en 1789. L'Assemblée nationale est à Versailles, et la cour, étonnée de l'énergie du Tiers, ne songe plus qu'à l'emploi de la force. De tous côtés les régiments arrivent. La lutte va commencer. La cour a l'armée, l'Assemblée l'éloquence, et quelle éloquence, l'éloquence de Mirabeau! Qui donc l'emportera si le combat s'engage, Breteuil, Bouillé, ou le puissant orateur? Je tremble, je l'avoue, pour cette pauvre Assemblée bourgeoise, composée de prêtres, de nobles et d'avocats! Mais écoutons. Brézé vient notifier aux députés l'ordre du roi et Mirabeau riposte: « Nous avons entendu les intentions qu'on a suggé-
« rées au roi; et vous, Monsieur, qui ne sauriez être son
« organe auprès de l'Assemblée nationale, vous qui n'avez
« ici ni place, ni voix, ni droit de parler, vous n'êtes pas
« fait pour nous rappeler son discours..... allez dire à ceux
« qui vous envoient que *nous sommes ici par la volonté du*
« *peuple et qu'on ne nous en arrachera que par la force des*
« *baïonnettes!* » Brézé sortit à reculons comme il eût fait devant le roi. Paroles admirables d'éloquence assurément, mais soyez certain que vous sortiriez tout à l'heure par la

force des baïonnettes, comme vous dites fort bien, mon cher vicomte, si au lieu et place de Louis XVI indécis se trouvaient l'homme de brumaire ou celui de décembre; si les gentilhommes empanachés de la cour se nommaient Saint-Arnaud ou simplement Pavia! A peu de temps de là la chose se fera peut-être? Heureusement pour vous alors, le peuple s'en mêlera. Sans l'Assemblée, que dis-je? malgré elle (les violences populaires l'effrayaient déjà!) il forgera cinquante mille piques, d'assaut prendra la Bastille, et la révolution aura son armée. A qui faut-il porter la palme du triomphe? A l'assemblée des députés des bailliages, ou au peuple? Au peuple qui ne *parle* pas, qui AGIT.

Poursuivons. Après la révolution de la colère, le tour appartient à celle du mépris. 24 février 1848. Les temps sont bien changés, mais le fond des choses est le même. La République est proclamée. A qui revient le mérite de la victoire? Ce n'est point à l'opposition à coup sûr. Le 22 février, elle se désiste de son projet de banquet en présence du veto des ministres, et le 24 on a toutes les peines du monde à lui faire proclamer le gouvernement républicain. Le succès, encore ici, appartient au peuple, au peuple qui ne *parle* pas, au peuple qui AGIT.

« Le 4 septembre 1871, » — dit Lefrançais dans son histoire du mouvement communaliste — « la garde nationale bourgeoise accourue à l'appel de ses chefs, appuyant de sa présence les citoyens massés sur le pont de la Concorde, les quais et les rues avoisinant le palais législatif, ce palais fut envahi; l'Assemblée déclarée dissoute; la déchéance proclamée aux cris de Vive la République! *malgré la résistance de la gauche éperdue de tant d'audace, et qui, Gambetta en tête, engageait le peuple à attendre respectueusement la décision d'une majorité impuissante et avilie.* » Oh! combien les droitiers ont tort de poursuivre de leurs invectives cette pauvre gauche parlementaire, si innocente, si modérée! Ces hommes qui, l'empire tombé, se contentent du titre peu compromettant de gouvernement de la défense, ce Gambetta, que les cris de Vive la République! sorti des poitrines ouvrières, effarouchent et qui s'obstine à répondre « Vive la France, vous dis-je! » à tous ses interrupteurs. Qui a fait la révolution du dégoût? Sont-ce MM^rs *les républicains de l'Empereur*, comme les appelait avec esprit un journal de Bruxelles? celui qui l'a faite, c'est celui qui a fait celle de la colère; celui qui a fait celle du mépris; le peuple de 89, de 92, de 1830, de 1848; le peuple qui ne *parle* pas; le peuple qui AGIT.

Ces trois exemples, que nous avons choisis exprès parmi les plus connus, nous paraissent suffire. Nous n'aurions autrement que l'embarras du choix. Il nous serait possible d'en trouver de plus récents peut-être, si nous ne craignions de nous heurter à des martyrs chauds encore, de toucher à des fosses mal fermées. L'histoire des trois époques que nous venons de rappeler suffit pour démontrer aux moins clairvoyants que jamais nos révolutions, explosions incontestables de la volonté populaire, n'ont été l'œuvre des assemblées, de ces corps délibérants que le radicalisme regarde comme les organes véritables du peuple, jamais par des gouvernements, toujours contre eux, toujours et partout par les masses humaines collectivement soulevées.

Ici une objection se présente. « Nous reconnaissons volontiers, » — dira-t-on peut-être, — « dans nos grandes explosions historiques, la manifestation évidente, l'exécution certaine de la volonté collective. A côté de la voix du peuple qui s'élève de la place publique, la voix qui sort des urnes nous paraît bien timide! Bien faible la main de nos représentants en présence de celle qui dresse les barricades exécutives! Mais, enfin, pour si nombreuses que soient nos révolutions dans l'histoire, elles n'en forment pas moins une chaîne interrompue? Pendant ses intermittences, durant les périodes où l'on dirait que le peuple sommeille, quel moyen aura-t-il, si nous renversons la tribune, de faire connaître et prévaloir sa volonté? Ah! s'il pouvait agir d'une manière continue, combien le problème de sa souveraineté serait moins difficile! Il n'en est malheureusement pas ainsi. De là, la nécessité d'admettre le suffrage universel comme l'expression de la volonté du peuple, le gouvernement qui en sort comme l'exécutif de cette volonté, et de se fier aux interventions directes du peuple pour remettre les choses en leur place quand le système électoral sera trop en défaut. C'est le seul moyen d'en finir. »

D'abord, nous ne voyons pas qu'on en finisse à ce prix.

Et, si ensuite il n'en était pas ainsi? Si l'obstacle que rencontre cette activité, cette véritable vie sociale, qui l'empêche d'être permanente, était justement le maintien de ce système gouvernemental, expression mensongère, nous l'avons vu, de la souveraineté du peuple? Faudrait-il le conserver ce système, ou faudrait-il l'abattre? L'abattre assurément. Replacer pour ainsi dire le peuple sur ses jambes, afin que désormais il fasse sa volonté naturellement comme le dernier des mortels, et ne se voie plus dans la nécessité de recourir par moments à ces explosions terribles de colère, après lesquelles, épuisé, il retombe abattu.

Que signifie ce mot, le PEUPLE?

Le savez-vous? Etes-vous capables de le dire? Y avez-vous seulement songé?

C'est à vous que je pose cette question, à vous privilégiés de tous les pays et de toutes les époques, nobles du droit divin, bourgeois de la société moderne; à vous, qui jadis vouliez bien permettre au peuple-enfant de vous apporter à genoux ses vœux et ses humbles remontrances; à vous qui, maintenant qu'il est homme, prétendez attendre respectueusement ses ordres; à vous tous, qui de temps immémorial vous parez du titre modeste de « classes dirigeantes; » à vous enfin, qui depuis que le monde existe, à travers les orages des révolutions et l'établissement des Etats politiques, invoquez, au profit de votre ambition, le principe de la souveraineté du peuple!

Radicaux, si le mot PEUPLE est pour vous une abstraction, une métaphore, une figure de rhétorique, vous abusez de la naïveté de ceux qui vous écoutent et qui prennent au sérieux tous ces grands mots vides de sens dont vous vous montrez si rarement avares. Ce mot serait-il dans votre esprit synonyme de majorité? Pourquoi ne le dites-vous pas? Pourquoi trompez-vous vos électeurs par ces artifices de langage? Avouez-leur donc franchement que votre souveraineté du peuple n'est point autre chose que la souveraineté des majorités.

Pour nous, nous acceptons avec enthousiasme le principe de la souveraineté du peuple, mais nous entendons par PEUPLE une *réalité*. Le peuple est à nos yeux un être collectif, réel, vivant, ayant son organisme spécial, obéissant à des lois qui lui sont propres, et dont le développement, sous le nom de progrès, se fait à travers l'histoire. Nous l'appelons *Corps social*, et nous le considérons comme le dernier degré connu du monde matériel.

Tous ceux donc qui se déclarent partisans de la souveraineté du peuple doivent, nous l'avons déjà dit — ou *admettre qu'il peut être consulté, qu'il est capable de répondre, que l'authenticité de sa parole peut être établie,* — ou bien, *qu'il peut se passer d'exprimer ses désirs, sa volonté se manifestant et s'exécutant à la fois par ses propres actes.*

La première hypothèse, qui est celle des radicaux, suppose l'application du suffrage-principe. Il vient d'être démontré que le vote, même étendu à tous, n'est qu'un symbolisme de la volonté populaire. La seconde hypothèse, qui est la nôtre, reconnaît au peuple la possibilité d'agir lui-même directement. Nous en avons cherché des preuves dans notre histoire révolutionnaire, c'est au point de vue sociologique qu'il nous reste à la développer.

Pour qu'un être vivant (et nous savons que le corps social n'est point autre chose) puisse agir d'une manière conforme à sa volonté, il est indispensable que l'on assure le développement, l'indépendance, le libre jeu de son organisme. Voyons donc quels peuvent être les organes du corps social et demandons nous si, dans l'organisation actuelle de la société, ils jouissent de toute l'indépendance nécessaire [1].

Quels sont donc ces organes dont le jeu doit assurer la permanence de la souveraineté collective? Comment pou-

---

[1] De quelle volonté entendons-nous parler lorsque nous disons, *volonté collective du peuple?* Il ne peut pas être question ici d'une volonté sociale agissant sur ce qui est extérieur à la société prise dans son ensemble; qui réglerait les rapports que peut avoir le corps social avec ce qui l'entoure; de celle enfin qui correspondrait à ce que (à tort ou à raison) on a nommé chez l'homme *libre-arbitre*, volonté qui peut être faillible. Quoique le problème méritât le même nom et pût recevoir une solution identique, notre intention n'est pas de le soulever ici. La volonté dont il s'agit est tout simplement une volonté pour ainsi dire interne, intrinsèque, présidant à l'organisation intérieure du corps social, véritable loi physiologique, infaillible comme elle. Quand elle réussit à se faire obéir, cette volonté, aux époques de crises révolutionnaires, n'aboutit pas à des guerres ou à des créations extérieures, mais voilà ce qui la caractérise, elle renverse quelque obstacle qui s'opposait au développement de la collectivité, elle aboutit à un changement complet, à un progrès dans l'organisation sociale. Son libre exercice n'est donc point lié, comme la liberté humaine, à l'établissement d'un organe spécial comme le cerveau, mais à l'apparition et à l'indépendance de tout un organisme. Cette apparition, cette indépendance, ont, pour obstacle principal, la création d'abord, le maintien ensuite, de ces organes factices, basés sur le droit de suffrage aujourd'hui, sur le droit divin autrefois, et dont l'ensemble constitue ce qu'on appelle l'Etat.

vons-nous prévoir aujourd'hui ce qu'ils seront un jour, puisqu'il existe un organisme fictif qui nous les cache et met obstacle à leur développement? Par quel moyen les dessinerons-nous dans la masse vivante du corps social? On le voit, c'est toute une anatomie embryogénique que nous avons à faire. Nous prendrons pour point de départ une vérité incontestable : *tout organe accuse une fonction*, mais aussi *toute fonction annonce la présence d'un organe.* Quelles sont les fonctions principales du corps social? La plus générale est le *Travail.* Le TRAVAILLEUR est donc notre premier organe; nous lui donnerons son indépendance en l'arrachant à la servitude qui l'écrase, à son esclavage politique, philosophique, économique, judiciaire et religieux. Mais le travail individuel pèse peu dans la production collective moderne. De là la nécessité d'un autre organe, celui de la *production collective.* Cet organe est le CORPS DE MÉTIER. Que faut-il pour qu'à son tour il devienne libre? Le mettre en possession de la matière première et des instruments de travail. Enfin, qui dit production dit aussi *consommation, répartition* ou *échange?* Cela nous conduit à admettre un troisième organe, la COMMUNE SOCIALE de l'avenir. Ainsi donc, l'organisme du corps social, nous le trouvons dans la fédération des producteurs dans le corps de métier, des consommateurs dans la Commune; dans la fédération des corps de métier, dans la fédération des communes. Hâtons-nous de dire qu'on aurait tort de voir là une conception personnelle, malgré les obstacles qu'il rencontre, ce fédéralisme révolutionnaire se produit tous les jours, se développe de plus en plus sous nos yeux. Que faut-il pour qu'il existe d'une façon complète? Que la révolution sociale devienne une réalité. Dans la société actuelle point de souveraineté du peuple possible; dans celle de l'avenir elle existera par la nature même des choses.

Nous supplions le lecteur, quand nous parlons de *fédéralisme,* de ne pas se méprendre sur notre pensée. Il ne faudrait pas croire que ce que nous réclamons en ce moment soit la *fédération* des politiques ou une *décentralisation* quelconque. Il existe, entre ces trois idées, une différence capitale, que nous croyons utile de faire remarquer.

Le décentralisateur dessine sur la carte de son pays, en ne suivant d'autres règles que son intérêt ou son caprice, les frontières de petits territoires. Ceux-ci n'ont entre eux aucune différence, ni profonde comme une différence d'organisme, ni plus superficielle comme une différence de mœurs. Tantôt ce morcellement (car ce n'est point autre chose) est fait dans un but purement électoral; exemple : les circonscriptions électorales du second empire. Tantôt le but est administratif comme celui que visait la dernière loi départementale de notre assemblée versaillaise.

Les fédéralistes politiques font tout autre chose. Ils reconnaissent, dans une nation, l'existence d'un certain nombre de petits peuples entre lesquels il n'existe aucune différence organique, mais qui doivent à leurs mœurs, à leurs caractères, à leur vie historique, une certaine individualité. Pour eux, ils revendiquent quelque indépendance. Telle était notre ancienne France provinciale; telles sont les Confédérations Suisse et Américaine; telle aurait été l'Espagne des cantonalistes si la victoire eût couronné leurs efforts.

Le fédéralisme révolutionnaire est autre chose assurément. Il ne crée pas des territoires arbitraires, il ne s'arrête pas à la reconnaissance de certaines libertés locales, ce qu'il forme ce sont de véritables organes. Ici les parties sont absolument différentes; aussi différentes que les fonctions dont elles sont le siége. Il n'existe pas plus de ressemblance en effet, entre l'individu, la corporation, la commune, qu'entre la production, la consommation et l'échange.

La décentralisation poussée à l'excès causerait la mort du corps social. Pour un être organisé, se *diviser* c'est périr. Coupez un corps humain en 86 parties identiques, que pensez-vous qu'il adviendra? La fédération politique n'est pas la mort, elle est la vie collective de plusieurs êtres collectifs, la coexistence de ceux-ci dans une même nation. Ce n'est ni le lieu ni le moment de nous demander la place qui lui est réservée dans le programme du socialisme révolutionnaire. Le fédéralisme révolutionnaire que nous revendiquons est la formation de l'organisme d'une seule individualité collective. Il n'est pas une *division*, il n'est pas une *fédération* dans le sens politique du mot, ce qu'il est, c'est une véritable ANATOMIE SOCIALE.

On voit maintenant à quoi se réduit pour nous le problème de la souveraineté du peuple. A remplacer l'organisme fictif de cette souveraineté établi au moyen du suffrage, par l'organisme naturel qui se compose de l'individu, de la commune, de la corporation. On voit aussi, en jetant les yeux sur l'ensemble historique de la questión, que la progression s'achève. L'époque est déjà loin de nous où le droit divin interrogeait son peuple, lui permettant d'exprimer ses vœux pour les exaucer ou n'en pas tenir compte. Aujourd'hui le Droit parlementaire interroge encore le peuple qu'il reconnaît souverain; mais sous prétexte de connaître et d'exécuter sa volonté, il lui impose des intermédiaires, des députés, issus des classes dirigeantes, des institutions gouvernementales, le tout organe d'une majorité qui garantit le monopole et l'exploitation bourgeoise. Ce temps est très près de finir. L'heure va sonner où le Peuple conquerra l'indépendance de ses organes et, véritable souverain, n'aliénant plus ses pouvoirs, fera lui-même, assurera par ses actes et d'une manière permanente sa volonté.

Le Suffrage-instrument

Lorsqu'on réfléchit sérieusement à cette question du suffrage érigé en système, certes, la prétention qu'il affiche d'être l'expression véritable de la souveraineté du peuple étonne, mais il est une chose plus surprenante encore, nous entendons parler de son succès prodigieux. Depuis 1789, — on l'a tant de fois répété qu'il est devenu fastidieux de le redire, — le suffrage forme la base de toutes les constitutions modernes. Tous les pays, tous les partis s'en servent à ce titre. Il n'est pas jusqu'à son expression la plus radicale, le vote étendu à tous, qui, malgré les attaques dont il est maintenant l'objet à Versailles, n'ait joui de cette unanimité. A peine installé dans le monde politique par la deuxième révolution française, les partis monarchiques, reconnaissant qu'il pouvait leur être utile, ce qu'ingénûment ils avouèrent par la plume de M. de Girardin, n'hésitèrent pas à l'accepter. Abattu au 31 mai, son rétablissement, on se le rappelle, presque à lui seul fit le second empire. Aujourd'hui les travailleurs eux-mêmes le réclament; ils le revendiquent dans les pays où il n'existe pas encore, et dans ceux où ils le possèdent ils se disent prêts à mourir pour le conserver. On le voit, si « l'*Omnium consensus* » des philosophes était une raison sans réplique, il pourrait défier toutes les attaques; maître du passé, il serait assuré de l'avenir.

La mode et l'engouement n'ont pas une vitalité pareille. Il faut en appeler à une raison plus haute, comme un principe, ou à une cause plus puissante comme un intérêt. Instrument ou Principe, voilà ce que peut être le Droit de suffrage; voilà ce qui peut nous dévoiler le secret de sa force, le motif de sa durée.

Question de principe et de souveraineté nationale! répondront les partis si on les interroge... Mais va-t-on les croire sur parole? Laissons de côté la question de savoir si le système du suffrage peut être considéré comme l'expression de la souveraineté collective, puisque nous l'avons recherché, et demandons-nous maintenant si ceux-là même qui le réclament à ce titre ont le mérite de la franchise. Nous craignons, au moins que, pour les chefs de file, cette idole de la souveraineté du peuple, entourée en apparence de tant d'amour et d'un si grand respect, n'ait pas de religion qui vive au fond de leur conscience.

Que nous veut, par exemple, en plein XIXme siècle, ce roy fantôme du passé qui vient revendiquer sa couronne? Quels sont ses titres? Ecoutez l'étrange réponse. Dans la tradition nationale; cela veut dire dans la volonté du peuple permanente dans le passé historique de la France. Mais s'il la respecte dans le passé, cette volonté souveraine, d'où vient qu'il la méprise dans le présent, et ne veut plus qu'on l'interroge sérieusement dans l'avenir? C'est que, pour lui, la volonté nationale n'est pas réellement un principe, mais un marchepied. Aussi, nous devons l'avouer, sa prétention paraît exorbitante aux partisans d'une monarchie moins légitime. Avec toutes les formes du respect dû à si haut personnage, ils osent poser au Roy des conditions, lui parler de constitution et de charte! Ce qui leur donne tant d'audace, disent-ils, c'est le respect qu'ils ont pour le principe de la souveraineté nationale. Cependant, si tel était le motif véritable de l'attitude de ce parti scrupuleux, en majorité à la chambre de Versailles, imposerait-il au pays sa domination? Briserait-il ses conseils élus et ses maires? Bâillonnerait-il ses organes! Mutilerait-il ses votes? Non. Pour lui comme pour le Roy, ce n'est qu'un marchepied que ce dévoûment apparent à la volonté nationale. Les bonapartistes, (O pudeur!) s'indignent d'une pareille effronterie. Ils demandent que, par l'appel au peuple, on se hâte de recueillir la volonté de la nation. Malheureusement, l'histoire constate que pour eux, plus encore que pour tout autre parti, la souveraineté du peuple ne fut jamais qu'un moyen de voler ou d'escamoter des couronnes!

Toutes ces hypocrisies font horreur aux députés de nos gauches parlementaires. On va rendre, si on les écoute, la parole au peuple et prononcer la dissolution. Ce ne sont pas eux qui, comme le Roy, limiteront au passé l'exercice de la volonté du peuple! Ce ne sont pas eux qui mutileront le suffrage universel! Ce ne sont pas eux qui accepteront les horreurs plébiscitaires! Si jamais le moindre dissentiment s'élève entre leur conscience et la volonté de leurs électeurs, respectueux observateurs du mandat qu'ils ont reçu, ils rentreront dans les rangs du peuple, à moins qu'ils ne le fassent fusiller comme au Champ de Mars 91, en juin 48, en mai 1871. Qu'est-ce donc pour eux, à votre avis, que la souveraineté populaire? Est-ce un principe, ou est-ce un marchepied? Il n'est pas enfin jusqu'au parti révolutionnaire qui, par quelques-uns de ses membres, n'accepte le suffrage-principe, espérant trouver dans son application, un moyen d'émancipation sociale.

Ainsi donc, de quelque côté que l'on se tourne, quelque programme que l'on consulte, le suffrage, en tant que *principe*, est partout revendiqué. Mais pour peu que l'on approfondisse les intentions, que l'on fouille les actes, le fameux principe s'envole, et, ce qu'il reste, c'est : l'hypocrisie de l'INSTRUMENT.

L'étude du suffrage-instrument est fort curieuse et très facile. Facile, disons-nous? Car dans ce rôle purement mécanique, le suffrage sort des sophismes métaphysiques dont le doctrinarisme s'enveloppe et tout simplement obéit à sa loi. On sait que cette loi qu'il tient de la nature est la loi des majorités. Curieuse, avons-nous ajouté? Cet examen va dévoiler, en effet, son caractère historique et nous donner la clef des habiletés électorales à l'usage des partis. Qu'il soit bien entendu cependant que désormais ce n'est pas le suffrage universel tout seul qui nous occupe, mais le système du vote pris dans sa généralité; nous perdrions trop en restreignant le champ de notre observation, ce qu'il nous faut, c'est le tableau dans son ensemble avec ses coins d'ombre et ses coins de lumière. Ce paragraphe pourrait avoir pour titre « Etude de la mécanique gouvernementale. »

Pour être bien compris, nous devons au lecteur trois choses :

1° Le *but* que l'on poursuit;
2° Le *mécanisme* de l'instrument;
3° La *manière* de s'en servir.

1° « Il faut au peuple un gouvernement. » — « Pourquoi ? » — « Pour maintenir l'ordre. » — « Quel ordre ? » — Non pas celui qui pourrait résulter du consentement de tous; qui serait la conséquence de la division du travail et de l'harmonisation des fonctions sociales; non pas cet ordre qui dans la matière inerte est produit par les lois physiques, qui dans le corps humain est le résultat du libre jeu de l'organisme, et que, vulgairement, l'on nomme la santé? Ce n'est pas de cet ordre-là qu'il s'agit. — « De quel donc ? » — De l'ordre tyrannique basé sur l'obéissance d'une partie du peuple, appelée *minorité* à cette autre appelée *majorité*, et qui se compose d'un petit nombre d'exploiteurs habiles entraînant à leur suite une foule de pauvres êtres humains trompés. Cet ordre aboutit en économie à l'exploitation de l'homme par l'homme; en religion, à l'adoration de l'homme par l'homme; en politique, au gouvernement de l'homme par l'homme; en justice, au jugement, à la condamnation, à la punition de l'homme par l'homme; c'est-a-dire au vol, à l'idolâtrie, à l'absolutisme et à l'assassinat!

Autrefois, la constitution et le maintien d'un gouvernement étaient une tâche commode. Une volonté divine intervenait directement dans les affaires humaines, posait la tiare sur le front du prêtre, la couronne sur la tête des rois. L'ordre de Varsovie régnait au profit du clergé et de la noblesse, au détriment du Tiers-Etat. Mais bientôt, grâce à la bourgeoisie, à ses écrivains, à ses philosophes, on ne vit plus aussi distinctement cette intervention céleste et comme il y eut des héros pour exécuter la pensée du siècle, la monarchie, ce gouvernement légitime, roula dans le passé en compagnie de la tête du roi. La bourgeoisie était libre! Mais bientôt le besoin d'ordre se faisant, paraît-il, de nouveau sentir, le rétablissement d'un pouvoir fut déclaré nécessaire.

La difficulté était d'inventer une base nouvelle. Comment le constituer, surtout comment le maintenir? On avait démontré au peuple que la souveraineté ne tombait plus du ciel, on lui raconta qu'elle sortait de la terre. La révélation trouva son remplaçant dans le système électoral. Etablir un gouvernement, le maintenir en suite, « voilà le double but » que l'on poursuit.

2° Pour se créer et vivre, un gouvernement s'appuie sur une majorité dans le corps électoral. Or, d'une part, cette majorité, étant sous la dépendance des fluctuations des partis politiques, est variable; d'autre part, tout pouvoir possède des moyens d'action sur ces partis, soit qu'il se les rende favorables par des concessions de détails apportées dans sa ligne de conduite, soit qu'il en corrompe les membres par des sinécures, des portefeuilles ou des fonctions. Une *expérience* donc, indiquant au gouvernement, et, chaque fois qu'il le désire, la force numérique. les intentions, les tendances, le nom des chefs, les progrès ou la faiblesse de ses adversaires et de ses amis devient une source précieuse de renseignements, un auxiliaire presque indispensable. Journellement cette expérience a lieu dans le monde gouvernemental : le *corps électoral* en fournit la MATIÈRE, le *suffrage* en est l'INSTRUMENT, le *pouvoir* l'EXPÉRIMENTATEUR. L'habileté de l'homme d'Etat consiste donc à procéder à cette épreuve de la façon la plus complète possible, afin d'éviter autant que faire se peut les résultats erronés.

Aux grandes époques électorales le résultat du suffrage, les noms des candidats élus, les programmes qui triomphent, le succès ou la défaite des amis du pouvoir, telles sont les données de l'expérience. Mais pendant les intérims le pays électoral est muet, le gouvernement manœuvre dans l'obscurité, et il peut fort bien se faire qu'à la nouvelle période de vote venue, il soit trop engagé pour pouvoir réparer ses fautes.

L'idéal du système serait évidemment la possibilité pour le pouvoir d'avoir constamment sous les yeux le tableau complet et fidèle des fluctuations des partis. Quoiqu'il soit impossible de tenir le peuple en permanence dans ses comices, ce qui serait le plus sûr moyen, cet idéal a été obtenu. Par une fiction nouvelle, le principe représentatif, on suppose que la souveraineté peut passer du peuple dans une assemblée de représentants; on fait voter à certaines époques, et par ce moyen on arrive à cette réalité, avoir sous les yeux, sous le nom de chambre, une espèce de photographie, non pas du corps social et de son organisme, mais de la cohue électorale et de la force proportionnelle des partis. Le pouvoir peut alors faire à chaque instant l'expérience gouvernementale en petit, observer la fluctuation politique, corrompre les chefs aimés, créer enfin facilement à son profit une majorité ministérielle. C'est là, du moins nous le croyons, le dernier perfectionnement apporté au « mécanisme. »

3° Le *but* que l'on poursuit dans l'emploi du suffrage comme moyen, le *mécanisme* de l'instrument, voilà depuis 1789 ce qui reste invariable, quel que soit le parti que l'on regarde à l'œuvre. Où paraissent les divergences, c'est dans la « manière » de s'en servir. Là, en effet, l'habileté de l'artiste commence. L'audace des partis, leurs conceptions politiques qui diffèrent, le plus ou moins d'expérience qu'ils ont acquise dans la profession, telles sont les causes de ces variétés de détail. Nous noterons cette diversité dans l'application pour le bonapartisme, le parlementarisme constitutionnel et le radicalisme.

Le raisonnement qui sert de point de départ et qui constitue la base du système des monarchistes constitutionnels, paraît de prime-abord, si l'on se place à leur point de vue, conforme à la logique. Mais pour peu que l'on y réfléchisse, on ne tarde pas à apercevoir le germe de ruine qu'il contient. « Nous voulons, » disent-ils, « fonder un gouvernement qui défende nos intérêts, nos privilèges... Allons-nous demander le concours de nos ennemis ? Non, certes ; et le gouvernement le plus propre à l'accomplissement de nos desseins sera celui que nous fonderons nous-mêmes, et que seuls, nous, les intéressés, dirigerons. » C'est là une faute énorme. Ne savent-ils donc pas qu'au lendemain de sa naissance, leur gouvernement aurait pour adversaires tout ce qui n'était pas eux, même les indifférents ? Pensaient-ils que tous ces hommes devenus les parias du suffrage n'agiraient plus par cela seul qu'ils ne voteraient plus ? Ne comprenaient-ils pas qu'en fermant volontairement les yeux sur le nombre et les intentions des trois-quarts de leurs concitoyens, ils ne les annulaient pas, mais se privaient de renseignements fort utiles? Les événements se sont chargés et se chargeront toujours de leur démontrer et de leur faire payer leur erreur!

Quels sont les intéressés, dirent alors, en 1830, les censitaires? les capitalistes, les fonctionnaires, les grands industriels et les gros financiers. Seront donc exclusivement élus et électeurs les favoris de la fortune; 200 francs de cens pour être électeurs, 500 francs pour faire un éligible. C'est sur des données pareilles que s'établit la monarchie de Juillet. Ce système pourtant, malgré son caractère exclusif, laissait une lacune. Les constitutionnels de notre Assemblée de Versailles semblent l'avoir aperçue. Le monopole de l'argent n'est pas le seul qui écrase le prolétariat des sociétés modernes, et la religion, la magistrature, la science, l'enseignement, toutes les branches de l'Etat ont leurs priviléges aussi. On s'exposait donc en repoussant les capacités à se créer des adversaires dans les rangs de ses meilleurs amis. La Commission des Trente et de Batbie ont mis ordre à la chose; leur projet de loi électorale ne contient guère d'ostracisme que celui du prolétariat. Ils n'en laissent qu'un seul? Il suffira à causer leur perte.

Vers la fin de l'année 1847, le gouvernement de Juillet jouissait dans une profonde quiétude. La Chambre avait la majorité dans le pays légal, le ministère avait la majorité dans la Chambre, le roi l'unanimité dans le ministère. Que pouvait-on craindre? Comment se douter de ce qui fermentait dans les rangs des parias du suffrage? Le coup de Février (1848) éclata. Le ministère est abattu, l'opposition dépassée, le roi chassé, la constitution abolie, la république proclamée. On ignorait le chemin parcouru dans le silence électoral; dans les sphères gouvernementales, on était encore en monarchie, le peuple en pensée était déjà en république. Ce dénoûment que l'on devait ptévoir n'eut dû étonner personne ; on avait négligé des données du problème, l'expérience fut incomplète, le résultat erroné. Passons. Notre Assemblée élue dans un jour de malheur (style Beulé) se montrait au début bien autrement adroite. Elle laissait voter. Les élections radicales de Barodet, de Ranc, de Lockroy, de Guyot, lui indiquaient le danger qu'elle devait craindre ; encore dix élections et la majoritè lui échappe. Elle fait le coup d'Etat parlementaire du 24 mai. Le suffrage qui lui a servi d'enseignement va de plus lui servir comme appui. Avec Beulé, on achète la presse, avec les préfets on organise une pression. On essaye ensuite quelques élections partielles. Mauvaises ! point de dissolution. On s'éternise. On attend un moment favorable. Mais le moment ne vient pas. Alors on perd ta tête. Au lieu de faire la part du feu, de sacrifier les personnes, la forme du gouvernement pour en sauver le principe, d'organiser la république conservatrice, de reconquérir ainsi le corps électoral, on porte sur le suffrage une main imprudente. La catastrophe de 1848 est au bout.

Décidément, le bon sens pratique est dans le camp radical. Loin de restreindre le champ de son expérimentation gouvernementale, le radicalisme lutte pour l'agrandir. Les renseignements que le suffrage universel lui apporte, l'observation parlementaire, ne suffisent plus à sa précision, il ambitionne des données nouvelles. Le mandat impératif, la sanction populaire, la législation directe, sont des institutions capables de lui en fournir. Il n'hésite pas, et avec Ledru-Rollin il les accepte.

Il donne d'abord à son gouvernement la base large et forte du vote étendu à tous. Elues par le suffrage universel, ses assemblées sont l'image de plus en plus sincère du corps électoral, d'où elles sont sorties. Mais cinq ans est la durée moyenne d'une législation; une majorité peut changer dans le peuple au moindre incident. Quelle cause d'erreur si l'on s'en tenait à l'observation des partis à la Chambre et que l'un de ces revirements se produisît! Par le mandat impératif, par la sanction du peuple, la législation directe, on obvie à cet inconvénient; on lie la volonté de l'élu à celle de l'électeur, et l'Assemblée devient désormais l'image fidèle, en raccourci, de tout le corps électoral. C'est à cette précision que le radical apporte dans la science gouvernementale, à ce progrès, qu'il faut remonter pour trouver la cause de ses derniers succès. C'est à elle qu'il doit ses progrès en France et en Suisse, où il est au Capitole, son étonnante solidité.

Nous ne parlons pas du bonapartisme. On peut résumer ce système de créer et de maintenir un gouvernement, dans ces trois mots : « Escamoter une majorité. » Il n'est point, en effet, autre chose qu'une application de la magie blanche à la politique; les urnes sont à double fond, les bulletins prolifèrent dans l'urne, les morts ressuscitent le jour du vote, les enfants avant de naître font acte de souveraineté. L'instrument principal est le plébiscite, sorte de consultation dans laquelle on pose la question de manière qu'une réponse affirmative soit assurée, quelque chose comme la carte forcée à l'usage du peuple.

Mais, (curieux phénomène de la tactique des partis), pendant que le suffrage universel descendu du piédestal du droit et réduit à son véritable rôle dans la mécanique gouvernementale, assure au privilége la direction des affaires humaines, voici le travailleur à son tour, l'exploité lui-même qui, loin de le maudire, l'accueille avec enthousiasme, le réclame, le revendique, s'apprête à la mort pour le conquérir, ou s'il l'a, pour le conserver. Spectacle étrange que celui que donne cette victime sociale demandant, la tête sous le couteau, le maintien de la guillotine ? Cet instrument dressé pour sa perte, peut-il au moins le conquérir ? espère-t-il un jour l'employer à son profit, la tourner contre ses oppresseurs ? En termes plus simples, le suffrage-instrument, favorable jusqu'ici au maintien de l'exploitation capitaliste, peut-il échapper aux mains de la classe moyenne pour devenir dans celles du prolétariat un outil émancipateur ? La question, n'est-ce pas, vaut la peine qu'on l'examine.

Commençons donc par la poser clairement.

Il s'agit de savoir si d'abord, conformant leur tactique à celle de leurs adversaires, les travailleurs peuvent, par un coup de majorité, créer et maintenir un gouvernement favorable à l'œuvre de leur émancipation; si ensuite, la puissance publique conquise dans les luttes électorales sera plus utile que nuisible à leurs intérêts; si, enfin, leur intervention autour du scrutin peut créer à leur profit une tactique spéciale.

Il convient de commencer notre examen par la première question : possibilité de la conquête du pouvoir politique au moyen du suffrage universel.

Nous devons l'avouer, la chose en apparence paraît faite. La loi qui régit le suffrage est une majorité, et la majorité est au nombre. Or, à qui donc appartient la puissance numérique, sinon à l'armée du travail ? Il semble alors que le prolétariat n'ait qu'à vouloir, pour que, pacifiquement, en restant même enfermé dans le cercle de cette légalité si chère aux esprits timides, il puisse rester le maître dans le champ-clos électoral. Et pourtant il n'en est pas ainsi.

L'histoire en premier lieu jette un cruel démenti au nez de ceux qui se bercent de cette espérance. Depuis un quart de siècle, les urnes sont dressées sur la terre de France et nous voudrions que l'on nous citât une seule bataille électorale où le pauvre peuple ne soit pas resté meurtri sur le carreau ! Dans un article publié dans l'*Almanach du Peuple*, le compagnon Jules Guesde déroule ce long martyrologe du vote populaire. Ecoutons-le :

« Depuis vingt-quatre ans que les urnes sont debout en France, — dans la France du 10 août 1792 et du 18 mars 1871, — sur les cadavres des insurgés de Février, qu'en est-il sorti ?

« L'Assemblée nationale de 1848, qui devait, à peine rèunie, répondre par la fermeture des ateliers nationaux à la confiance des ouvriers parisiens, mettant généreusement « trois mois de misère au service de la République; »

« La dictature de Cavaignac, les fusillades et les transportations ouvrières de Juin; »

« La présidence de M. Louis Bonaparte et l'expédition romaine, en attendant le 2 décembre;

« L'Assemblée législative de 1847, qui n'a été qu'un long complot contre le socialisme, alors à l'état d'instinct;

« La présidence décennale de Napoléon-Bonaparte, en décembre 1851, et son lugubre cortége d'ouvriers fusillés dans la rue, jetés à Cayenne ou guillotinés, comme Cadelard et Charlet;

« L'Empire en 1852, avec la loi de sûreté générale, le rétablissement du *livret* autrement dit la *mise en carte* du travailleur traité en fille publique, les tueries de la Ricamarie et d'Aubin que le sarcasme de Rochefort définissait « l'extention du paupérisme par la suppression des pauvres, » et cette condamnation du bureau parisien de l'Internationale qui caractérise un régime : « Attendu que... le but des associés était l'amélioration de la condition de tous les ouvriers sans distinction de nationalité, et ce, par la coopération, la production et le crédit,... condamne...; »

« Les sept millions de *oui* du plébiscite de 1870 et la guerre, l'invasion qui se sont traduites pour le peuple travailleur par l'aggravation de l'impôt sous les deux formes : sang et argent ;

« La capitulation Trochu-Favre ;

« Et la république conservatrice de 1871 qui ne compte pas encore deux années d'existence et qui a déjà à son actif :

« La mise à feu et à sang de Paris, les mitrailleuses de l'Ecole militaire et de la caserne Lobau, les fusillades d'un peu partout, Satory et ses pelotons d'exécution en permanence, Brest, Lorient et leurs pontons, la nouvelle Calédonie et ses quatre mille martyrs, la mise en état de siége de la moitié du pays, la mise hors du droit d'association de la classe ouvrière en masse ;

Quel avantage le prolétariat français a-t-il retiré de son activité électorale, de son empressement à faire, à chaque scrutin « acte de souveraineté ? »

On le voit, dix défaites par combat !

Et les choses, hâtons-nous de le dire, ne pouvaient pas, ne pourront de longtemps encore se passer autrement. La situation économique dans laquelle on maintient le travailleur devait faire prévoir un résultat que l'histoire nous révèle en si terribles enseignements. Que faudrait-il, en effet, pour que tout le prolétariat marchât aux urnes animé d'une pensée unique, celle de son émancipation ? Que chaque travailleur eût l'intelligence de son vote avec la faculté de l'émettre librement. Conditions également irréalisables pour la plupart dans la situation que crée la servitude moderne.

Pour voter d'une façon conforme à ses intérêts, le fils du travail aurait besoin que l'instruction ait dégrossi son intelligence. Mais le privilége qu'il doit nourrir est là, qui veille autour de son berceau. Dans les pays monarchiques, il le laisse croupir dans l'ignorance ; à peine lui enseigne-t-on à respecter un Dieu, la propriété et le gouvernement établi. Dans les pays libéraux, il l'entoure en apparence de plus de sollicitude; l'instruction y est laïque, obligatoire et gratuite; l'enfant devenu grand saura lire, écrire et compter. Et après ? La lecture et l'écriture seraient-elles par hasard instruction à elles seules, ou simplement des *moyens* pour l'acquérir ? La lecture facilite l'acquisition et l'éclosion de l'idée, l'écriture donne la facilité de la transmettre, mais par elles-mêmes ces choses ne sont rien. Tout dépendra désormais des livres que cet enfant va lire et c'est là que l'intervention officielle commence. Ouvrages destinés à lui faire une religion, ouvrages destinés à lui imprimer une croyance philosophique, politique, nationale, doctrinaire, lui seront distribués à profusion. Cette éducation bourgeoise sera d'autant plus facile ici que le malheureux sait lire, et qu'à la propagande toujours restreinte et coûteuse de la chaire et de la tribune, on pourra joindre la propagande plus large et plns économique des écrits.

Quelle différence devons-nous établir entre l'ouvrier ignorant et l'ouvrier éduqué de la sorte ? Sera-ce une différence capitale ? Non, secondaire assurément. Que sont-ils ? Instruments tous les deux, aussi bien l'un que l'autre! Seulement, celui-ci est un instrument plus commode, un outil déjà perfectionné, une machine à rendement plus fort, plus exploité par conséquent par la société bourgeoise. Celui-là plus ignorant, n'ayant rien appris, n'a point de fausse instruction à défaire; il s'éduque au jour le jour, au contact des hommes et des choses, dans la rue, dans l'atelier. Gamin de Paris, il peut bien devenir Lacenaire, ce qui est rare; mais il peut aussi devenir Gavroche, ce qui est fréquent. Et, que l'on n'avance pas que l'ouvrier qui sait lire, peut toujours s'instruire lui-même; qu'il est facilement accessible à la propagande socialiste. Que de l'exception, on ne fasse pas la règle. Avec la propriété individuelle et le monopole du capital contre lui, il suffit à peine aux besoins de sa nombreuse famille. Comment acheter des livres ? Comment les lire ? Le soir, quand après un labeur écrasant, il sent s'éloigner de son épaule la rude main du contre-maître, il lui reste à peine assez de temps pour réparer ses forces, à peine assez de force pour gagner son grabat et trouver le sommeil.

Cependant, nous le reconnaissons, il est des caractères si fortement trempés, qu'ils brisent tous ces obstacles, dissipent l'ignorance où on les a laissés ou dépouillent l'éducation mensongère qu'ils ont reçue. Accessibles aux idées de rénovation sociale, ils peuvent comprendre toute la portée de leur vote. Mais, en petit nombre d'abord, ont-ils la liberté entière pour le manifester ? Ecoutons à ce sujet le compagnon Lefrançais :

« On aura beau s'écrier qu'il n'y a plus de classes et que tous les citoyens sont égaux devant la loi, en quoi cette affirmation, très contestable, peut-elle contredire cette brutale vérité économique, que celui qui possède les instruments de travail, tient absolument dans ses mains la vie de celui qui, pour subsister, est obligé de les lui louer ?

« Demandez à l'ouvrier des villes, à l'employé dont les patrons peuvent supprimer le travail ou l'emploi; demandez au manouvrier des campagnes qui peut être chassé par son maître; à ce maître lui-même, qui, s'il n'est que fermier, peut se voir molester de toutes manières par son propriétaire; demandez à tous ces électeurs s'ils se sentent réellement indépendants dans l'exercice de leur prétendue souveraineté.

« Combien en est-il de ceux-là qui ayant, par exemple, voté pour un candidat autre que celui recommandé par le patron, eussent ainsi osé agir ouvertement devant l'homme qui peut les priver de leur travail ? Mais, dira-t-on, le secret du vote les protége dans l'exercice de leur droit électoral. Sans doute. Mais qui les protégera contre l'irritation du patron, froissé à tort ou à raison de l'insuccès du candidat de son choix ? »

Que m'importe le droit de *faire*, si je n'en ai pas le *moyen*? Le droit de vote sera un leurre jusqu'à ce que le travail ait la faculté de le faire valoir. C'est l'éternelle absurdité du philosophe : « Je suis libre, quoique dans les fers ! »

Tout le prolétariat arriverait-il enfin à posséder l'intelligence de son vote, montrerait-il le courage de surmonter, pour l'émettre, toutes les difficultés que lui oppose sa subordination économique, il ne serait pas plus avancé. Au moment même où il verrait se former sa majorité dans la bataille électorale, la victoire fuirait devant lui, et la conquête du pouvoir politique serait plus que jamais dans le pays des rêves. On mettrait fin à la comédie. Expliquons-nous. Pour la bourgeoisie, le suffrage universel n'est pas toujours un principe ; ce qui reste constamment, c'est l'un des mille moyens dont elle se sert pour affermir sa domination. Pense-t-on que possédant, pour assurer « l'ordre matériel, » une légion de soldats, de policiers, de gendarmes, elle permettra jamais que son instrument-à-majorité passe de ses mains dans des mains de prolétaires? Ce serait se bercer d'illusion étrange. Le jour où ce moyen fera mine de lui échapper, elle le brisera. La nécessité de proclamer «l'ordre moral » sera proclamée. On emportera les listes électorales. On fera appel à la force, et si ce prolétariat ne répond pas dans la même langue, tous ses efforts seront destinés à ne point aboutir. Le 8 février 1871, le suffrage universel bâtit une Chambre monarchique ? c'est un principe. Malheur à l'audacieux qui oserait l'attaquer. Le 2 juillet et dans les élections partielles qui suivent, il envoie à l'assemblée des candidats libéraux agrémentés d'un peu de radicalisme. C'est une coutume monstrueuse que cette tyrannie du nombre! Vite, on songe à le mutiler. Aurait-on, par hasard, les *Com-*

munards aux portes? Hélas! non. M. Thiers seulement. M. Thiers, le libérateur du territoire; M. Thiers, le vainqueur de la Commune; M. Thiers, le héros de la rue Transnonain; M. Thiers, le pourvoyeur du plateau de Satory. On juge en voyant ce qu'on fait contre la majorité conservatrice du pauvre homme, de ce qu'on leur verrait oser en présence d'une majorité annonçant le triomphe des revendications du prolétariat. On la proclamerait la « défense sociale, » et sur les bancs de Versailles, pour la première fois depuis la Commune, régnerait une touchante unanimité. Cela se verrait non seulement en France, non seulement à Berlin, mais dans tous les pays du monde, notre salut exige que nous en restions convaincus.

Mais enfonçons-nous plus avant dans le cœur du problème. Supposons enfin qu'on la réalise cette conquête du pouvoir politique tant désirée! Le pouvoir conquis, qu'en va-t-on faire? Le détruire ou le conserver? Si, comme but, c'est l'anarchie que l'on vise, si l'on n'a fait le siége du pouvoir que pour l'abattre et non pour l'occuper, était-il bien nécessaire d'attendre, à travers les siècles, la formation problématique d'une majorité? Il existe des moyens de destruction plus rapides, et pour lesquels il suffit de la partie la plus énergique du prolétariat. Si ce pouvoir, on veut l'occuper, il faut dire le but que l'on poursuit en dehors de l'ambition personnelle? On prétend en faire une arme à la classe des travailleurs contre celle des propriétaires? Mais après un triomphe du prolétariat, nous espérons bien qu'on procédera à l'abolition des classes, et que la propriété individuelle deviendra une question d'archéologie. A quoi servira-t-il donc ce pouvoir conservé au sein d'une collectivité dont tous les membres travaillent? Quels seront ses fruits? Des divisions, comme il en a produit au sein de l'Internationale. Obéissant à sa loi, il créera de toutes pièces une minorité pour lui servir d'appui; elle se formera de travailleurs privilégiés ou de sectaires socialistes et la révolution sociale sera plus que jamais à faire, le nombre seul des adversaires aura augmenté.

Cet aphorisme Jacobin : « La Révolution sociale comme *but*, la Révolution politique comme *moyen* est la plus irréalisable comme la plus dangereuse des utopies.

Oui, nous l'avouons, diront peut-être les partisans de l'activité électorale des masses, la tactique de la bourgeoisie ne peut point être la nôtre. « Mais » — ajouteront-ils sans doute — « avant d'accepter l'abstention, de déserter les urnes populaires, il serait bon de s'assurer que le suffrage-instrument resterait de même inutile dans le cas où nous découvririons une tactique nouvelle, spéciale au parti du travail. Par exemple, ne pourrait-il être employé à l'organisation d'une opposition législative destinée à miner le pouvoir; dont l'action, le moment de destruction venu, rendrait sa chute plus facile et plus sûre? » — On le voit, l'examen de cet argument nous conduit à l'appréciation du rôle soi-disant destructif de nos *oppositions parlementaires*, qu'elles émanent des candidatures bourgeoises comme il arrive le plus souvent, qu'elles soient le produit des candidatures ouvrières comme il arrive quelquefois. Forçons nos adversaires jusque dans ce dernier retranchement.

Ce caractère destructif de l'opposition est à nos yeux plus que problématique. Partie intégrante du mécanisme gouvernemental, l'opposition en est un des principaux organes. Il répugne de supposer qu'un organe, parce qu'il obéit à sa loi, soit un danger pour l'existence de l'organisme. Nous sommes portés à croire, au contraire, que son rôle véritable est un rôle *conservateur*. A chaque acte du pouvoir qui peut faire naître un péril, l'opposition se lève et avertit; le péril arrivé, l'opposition se lève et le détourne.

Un gouvernement franchement absolu ne vivrait pas un an dans le siècle où nous sommes. Sans défense, contre leur propre entraînement, ceux qui en seraient les dépositaires, suivraient l'impulsion de leur fantaisie, se laisseraient aller au gré de leur caprice, n'imposeraient aucun frein à leur ambition et à leur cupidité. Toutes choses excellentes pour les conduire rapidement à leur perte. Mais l'opposition est là qui fait intervenir son contrôle. Elle avertit le pouvoir à chaque faute qu'il va commettre; sa voix plus fréquente à la tribune, son vote qui devient plus nombreux dans l'urne, lui imposent la réflexion, le font rentrer en lui-même. Elle le rappelle au bon sens, lui imprime le respect au moins apparent de l'opinion publique en un mot, elle le sauve en l'avertissant.

Lorsque enivré de sa puissance, le pouvoir laisse trop peser sur le peuple le fardeau de sa domination, l'observateur surprend des symptômes de révolte. Le travailleur songe à la liberté; à son père assassiné peut-être aux journées sanglantes de Décembre. Si la misère entre au logis, si la famille est sans pain, l'atelier sans ouvrage, la colère s'empare de lui et, comme ses yeux se portent sur ce qui l'environne, il s'aperçoit qu'il lui reste une arme, un fusil qui partit dans bien des circonstances célèbres,... célèbres par quelque écroulement de dynastie, s'il renversait le gouvernement ? Cette pensée le poursuit et l'obsède. Cette arme accrochée aux murs de la mansarde, il a l'envie de l'épauler. Qui sait ? tout à l'heure, elle brillera et fera feu peut-être ! Car le vase de colère déborde ! Mais, voici qu'on répand une bonne nouvelle. Un orateur de la Gauche a parlé. Du haut d'une tribune d'où l'on parle au monde, sa parole ardente a marqué au front l'homme de Strasbourg et de Boulogne, a stygmatisé l'assassin de Décembre, flétri le bourreau d'Aubin et de la Ricamarrie ! N'est-il donc pas vengé, le travailleur, par ces torrents d'éloquence? Il lit, il relit, il apprend, il répète les coups de foudre de l'orateur, et il sent que peu à peu sa colère l'abandonne,... et... et la rouille continue de mordre l'arme libératrice oubliée. Il y a une seconde à peine, la colère du peuple accumulée allait faire éclater la machine? Mais cette colère a trouvé une issue, l'éloquence de l'opposition. L'opposition? C'est la *boussole*, le *sifflet de l'alarme*, la *soupape de sûreté* de la machine gouvernementale.

Ce rôle, doublement conservateur de l'opposition, a été remarqué de tous les partis. M. Guizot, qui, certes, se connaissait en pratiques parlementaires, a prononcé ces paroles admirables de justesse : « L'opposition est la garantie de la constitution! »

Cette tactique dont le but serait d'organiser une opposition parlementaire condamnée dans son objet et dans son principe, nous devons montrer les effets désastreux que dans la pratique entraîne son application. A ce point de vue, son rôle est celui d'un élément dissolvant. Elle compromet la solidité de l'armée révolutionnaire. D'une part, elle jette dans nos rangs des hommes qui ne sont rien moins que convaincus, sortis pour la plupart de la classe bourgeoise, et fait planer le soupçon, l'ostracisme même, sur ceux d'entre eux dont le dévouement véritable pourrait être mis à profit; d'autre part, elle arrache de nos bras les meilleurs, les plus intelligents de nos frères et les jette dans le camp de nos ennemis. Enfin, partout elle nous divise, suscitant entre nous une émulation ambitieuse, alors que la seule acceptable devrait avoir pour motifs le travail et les services rendus à la cause de la Révolution.

Ce n'est pas au siècle des Ollivier, des Picard, des Jules Favre, que l'on serait bienvenu de contester les palinodies parlementaires. Que voulez-vous? Le barreau est encombré! Le parti des réactions monarchiques est fertile en talents, riche en éloquence. Quelle issue possible pour un jeune avocat? Peut-il moisir dans un parquet, se contenter d'une existence modeste, obscure et retirée? Vous ne le voudriez pas! Laissez-le se lancer dans le parti du pauvre peuple. Là, si les qualités réelles sont nombreuses, les qualités brillantes sont plus rares; il pourra *percer*. Le projet arrêté, il court les réunions, se met en frais de style et d'éloquence; il n'y a pas de promesse qu'il ne fasse, de serment qu'il ne jure, de mandat impératif qu'il n'accepte. Une fois hissé sur les épaules du peuple, connu, il sera temps de se modérer. Comme Ollivier, le spectre de Décembre, il sera ministre de l'empire, comme Gambetta il coupera sa « queue, » poursuivra le droit d'écurie, de se réunir et de parler. Bienheureux sera le peuple si à l'instar de MM. Simon, Picard et J. Favre, il ne le traite pas de « canaille » et de ses bulletins de vote ne fabrique pas des cartouches destinées à envoyer la mort dans son sein. Pour éloigner de nos rangs cette ambition, ce parasitisme politique, pour reconnaître l'ardeur d'une conviction sincère, que ceux qui viendront à nous désormais, le baiser sur les lèvres, aperçoivent à l'horizon, non plus les urnes, les barricades, non plus les succès de la tribune parlementaire, non plus les portefeuilles rayonnants, mais le danger, mais le martyre, le martyre des Delescluze, des Varlin et des Vermorel!

Oh! je prévois l'objection! Les CANDIDATURES OUVRIÈRES! Citoyens, pas de grands mots. Les grands mots sont la perte du peuple.

O mon frère de travail, pardonne si quelque parole sévère échappe à ma plume dans ce qu'il me reste à dire sur ce brûlant sujet. Pardonne, la chose te sera facile. Songe que je n'ai ici qu'un seul guide, qu'une seule boussole, la vérité; qu'un seul mobile, la passion révolutionnaire. La chose te sera facile surtout si le vieux proverbe de France te revient à la mémoire, « Qui bien aime, bien châtie. »

De quel droit te crois-tu plus incorruptible que les fils des bourgeois? Ton sang, ta chair, tes os, sont-ils formés d'autre matière? Ne te laisse pas raconter, par des flatteurs intéressés, que tu es sorti de la cuisse de Jupiter... Connais-tu la raison de ta supériorité morale? Ce n'est pas à la nature que tu la dois. Il faut la chercher dans ta vie laborieuse, dans l'atmosphère que tu respires à l'atelier. Le travail, oui, le travail lui seul t'a donné ta force, ta morale, ta santé. Si tu aimes la justice, c'est que tu as eu à souffrir de l'injustice sociale; tu chéris tes frères, les travailleurs, parce que tu es uni à eux par la solidarité de la souffrance. Si tu tiens à rester honnête homme, ami de la Révolution, ne laisse pas tes camarades. Si tu veux renverser la civilisation bourgeoise, ne vis pas de sa vie. Tu préférerais bientôt le salaire de député au salaire du travailleur; les salons parlementaires à l'échoppe obscure où tu es né. Bientôt, comme Tolain, tu serais homme à assister, impassible sur ton banc, au massacre de tes frères, à l'assassinat de tes amis. Le travail est pour toi la chevelure de Samson, qu'on te la retranche, tu perds ta force; le parlementarisme est la robe de Déjanire, si tu t'y plonges, il te consumera!

Si tu résistais par hasard à l'influence corruptrice du milieu où tu veux vivre, tu deviendrais un inutile. As-tu réfléchi quelquefois à ce genre de combat qu'on appelle les luttes parlementaires? C'est un combat de partis dans lequel il faut, pour réussir une conscience facile, un programme élastique, tout ce qu'il faut pour rendre commodes les concessions et les compromis. L'arme dont on se sert n'est pas la force, l'expérience, la fermeté, c'est l'hypocrisie et la ruse. Te crois-tu, par hasard, l'étoffe d'un Talleyrand? Alors, va, mais tu ne peut plus être des nôtres. Si non, de quel poids sera ton vote, ta parole isolés? A quoi servira ta présence? A rien. Tu serais un inutile à 25 fr., un parasite, et ce jour-là tu nous ferais horreur.

Le Suffrage universel dans l'association internationale des travailleurs

Dans l'étude du problème de la souveraineté collective nous avons limité jusqu'ici le champ de notre observation aux seuls phénomènes dont la société monarchique ou bourgeoise a été le théâtre. Notre démonstration pêche donc par l'absence d'une confirmation qui serait indiscutable si elle était possible, celle de l'avenir.

Nous avons cherché à démontrer, qu'introduit dans le monde comme principe, le droit de suffrage, en se développant, n'est jamais devenu l'expression sincère de la souveraineté du peuple, que, bien au contraire, en obéissant à sa loi, il est resté un instrument et de plus en plus perfectionné au service de la domination du privilége. Nous avons fait remarquer ensuite que dans toutes les circonstances où la manifestation de la volonté populaire a été authentique, il y a eu révolution, c'est-à-dire intervention directe et personnelle du peuple. Nous avons conclu alors logiquement, pensons-nous, que la solution du problème de la souveraineté collective consistait, non pas à chercher à donner plus de sincérité au suffrage, mais à trouver le moyen de rendre permanente cette action momentanée du peuple. Nous avons enfin indiqué ce moyen, la destruction complète des organes fictifs du corps social créés par le suffrage-instrument et le complet développement de ses organes naturels, la Commune et la Corporation.

Si nous pouvions nous transporter maintenant, avec le lecteur, au sein même de la société qui surgira de la prochaine révolution sociale, il suffirait de porter notre attention autour de nous; le rôle effacé ou triomphant qu'y jouerait le Droit de suffrage, le rôle secondaire ou principal dévolu à ce que nous avons appelé le fédéralisme révolutionnaire, seraient pour nous une source précieuse de lumière : ou notre théorie serait abattue sans pitié, ou elle triompherait sans conteste.

Ce contrôle est malheureusement impossible.

Cependant, ne pourrait-on pas en approcher? La réaliser en partie? N'existe-t-il pas quelque part une image fidèle, un embryon de cette société future? Oui, cet embryon, cette image, existent... et c'est l'Association Internationale des Travailleurs. Etendons alors notre champ d'expérimentation, augmentons-le de tout le terrain internationaliste et poursuivons notre étude du problème de la souveraineté du peuple.

Qui a fondé l'Internationale?

» Pas plus qu'elle n'a de maîtres » — dit Malon — « l'Internationale n'a de fondateurs; elle est sortie vivante, » pleine d'avenir, des nécessités sociales de notre époque et » des douleurs croissantes de la classe ouvrière. »

Nous n'avons certainement pas l'intention de contester la vérité de ces paroles. Il est certain que notre association est née des nécessités sociales modernes, qu'elle est sortie vivante de la lutte du Travail contre le Capital. Il est également vrai qu'elle n'a point eu des fondateurs, qu'elle n'est point la création de quelque cerveau célèbre, mais il est incontestable aussi que quelques hommes en furent les premiers membres et en rédigèrent les statuts.

C'est aux conditions qui lui ont donné naissance, aux auteurs des statuts généraux qu'elle doit les deux caractères antagonistes de son organisation première. A l'idée de *travail* elle est redevable de ses sections, de ses corps de métier, de tout cet acheminement au fédéralisme révolutionnaire. Aux hommes, imbus encore des préjugés de la société bourgeoise où ils vivaient, elle doit toute son organisation gouvernementale basée sur le fameux principe du suffrage universel, ses congrès parlementaires, ses conseils généraux..., etc..., etc... Voilà donc, en présence, dès le début, au sein même de notre association, les deux systèmes rivaux qui ont la prétention de réaliser la souveraineté collective. Ils vont se mettre à l'œuvre, accordons-leur toute notre attention.

En tant « qu'Être collectif, » l'association internationale des travailleurs a une « volonté. » Cette volonté dont on pouvait, au début, sinon contester l'existence, du moins discuter le sens, est aujourd'hui, sur bien des points, complètement connue. Sur bien des points, en effet, elle s'est presque réalisée. Fondée pour la lutte du travail contre le capital, pour vaincre sur le terrain des grèves, pour défendre au jour le jour les intérêts du travailleur, l'Internationale avait à maintenir, par la solidarité, la cohésion des forces ouvrières. Telle était sa première volonté. Lorsque plus tard on s'aperçut que ces combats, livrés dans une société organisée par le monopole, étaient de sanglantes duperies, elle songea, en outre, à renverser la société actuelle et à préparer l'avénement d'un ordre de choses nouveau basé sur la Justice. Quels seront les éléments de l'organisation nouvelle? Quels moyens d'action mettra-t-on en pratique pour détruire et édifier? Voilà les deux points d'interrogation qui se dressèrent ensuite devant elle. Fallait-il accepter, tout formé, l'un des systèmes sortis des cerveaux des réformateurs de cabinet? Allait-on se grouper sous le drapeau d'un parti politique? Telle ne pouvait pas être la volonté de l'Internationale. Elle préféra élaborer elle-même, péniblement, mais avec sagesse, les principes du nouvel ordre de choses. Elle aima mieux faire appel à tous ses membres, sur le terrain de l'expérience pratique, pour arrêter ou modifier ses moyens d'action. Sur ces trois points, nous le savons aujourd'hui, la volonté de l'Internationale était fort sage. « Rester la sentinelle vigilante et toujours debout pour la » défense des travailleurs, devenir, — comme dit Malon, — » l'immense laboratoire où s'analysent, se préparent, se » combinent les éléments constitutifs de la société nou- » velle, » et nous ajouterons, unifier les moyens les plus propres à assurer le triomphe de son programme dans un avenir prochain. Cette volonté multiple s'accomplit librement aujourd'hui. A quoi le doit-on? Quelle chose en a été l'expression et l'organisme? Est-ce le suffrage universel ou le système fédéraliste? Sont-ce par hasard les congrès et conseils généraux, ou les sections et fédérations de l'Internationale? La réponse à ces questions nous paraît facile.

Il était incontestable que l'emploi du suffrage serait inutile dans les luttes économiques, et l'on devait prévoir qu'il serait dangereux. Comment pouvait-on espérer que cet instrument de division cimenterait la solidarité ouvrière? Il fallait craindre au contraire qu'il ne la détruisît. En divisant sur le terrain des principes les ouvriers d'une même profession, il a rendu difficile, presque impossible, l'entente qu'il est toujours indispensable d'établir entre eux, lorsqu'on désire employer la grève pour avoir raison du monopole récalcitrant.

Le système du suffrage n'a pas été plus heureux dans l'élaboration des principes. Les groupes locaux accordaient leurs préférences à tel ou tel système socialiste, suivant en cela les conseils de leur expérience particulière, les résultats de leurs études spéciales, leur tempérament. Ces aspirations diverses, il fallait les unifier; en faire sortir une grande moyenne, une idée générale qui, acceptée par tous, fût assurée d'un concours ardent et universel? On n'eût laissé passer ainsi aucun détail sans le soumettre au creuset d'une longue analyse? Le suffrage intervint. Brutalement, il trancha la question au profit d'un parti, au détriment des autres. A Genève il fut Proudhonnien; anti-collectiviste à Lausanne; à Bâle, collectiviste; communiste-autoritaire à La Haye. Pendant les intervalles on créait, au secours de l'idée dominante, une propagande officielle. Que par malheur les pouvoirs d'alors eussent eu en main une force coercitive quelconque, une police, une magistrature, une armée, l'hérésie était abattue et l'orthodoxie triomphante! Depuis Genève nous serions condamnés au mutuellisme forcé, depuis Lausanne à l'anti-collectivisme, depuis La Haye au communisme-autoritaire à perpétuité. Une pareille absurdité n'était pas, assurément, du goût de l'Internationale. Elle voulait bien s'aider des travaux des pères du socialisme théorique, mais, repoussant toute utopie, elle refusait de s'enrégimenter sous le drapeau et à la remorque de l'un quelconque d'entre eux.

Quant à la ligne de conduite à tenir pour battre en brèche la société bourgeoise, elle dépendait évidemment du tempérament des populations, de la forme des gouvernements, des libertés publiques! Aussi les ouvriers des différents pays, tout en obéissant à l'esprit général de l'Internationale, prirent-ils, en face du monopole, une attitude spéciale. Après les congrès de Nuremberg et d'Eisenach, les ouvriers Allemands, à l'exemple de leurs frères anglais et d'une partie des travailleurs suisses, se déclarèrent partisans de la politique électorale. En France, en Amérique, en Belgique, en Russie, dans la Suisse jurassienne, en Italie, en Espagne surtout, on s'en tint à la propagande et à l'action révolutionnaires, à la lutte économique et à l'organisation des forces du prolétariat. Qui donc était plus capable que les Internationaux d'un pays pour adapter à des circonstances particulières un moyen d'action spécial? Peut-être, nous le reconnaissons, y avait-il quelque chose à faire sur le terrain de l'unification? Certains moyens, en effet, sont indépendants des mœurs, des circonstances nationales, mais y avait-il là matière à majorité? Le suffrage brusqua, faussa la solution. Il déclara au congrès de La Haye que la « conquête du pouvoir politique était le premier devoir du prolétariat. »

On le voit, la volonté de l'Internationale risquait fort de n'être point souveraine, si elle n'avait eu pour se manifester et se faire obéir que l'exercice du droit de suffrage. Heureusement, elle possédait en outre un véritable organisme dans la fédération puissante des sections et des corps de métiers. A côté de sa constitution artificielle, gouvernementale, qu'elle devait aux réminiscences bourgeoises de ses fondateurs, existait sa constitution naturelle, organique, révolutionnaire, dont elle était redevable à la notion de *Travail* qui présida à sa naissance. Sa volonté trahie par le suffrage se retrouva tout entière dans un fédéralisme. C'est là qu'elle puisa la force nécessaire tout ensemble à sa manifestation et à son triomphe.

Dans la lutte économique, nous avons vu le système du suffrage au moins impuissant. Les rares triomphes, en effet, remportés sur ce terrain par le prolétariat, sont dus à l'organisation de la solidarité ouvrière. La production exige le concours de deux éléments : le travail considéré en lui-même, la matière première et les instruments destinés à sa transformation, c'est-à-dire le capital. Pour vaincre, il faut s'assurer des deux choses? Pour se défendre de l'une d'elles au moins? Dans la société actuelle, le patron est détenteur de tous les capitaux; un seul espoir reste donc aux ouvriers, se rendre maître de la main-d'œuvre. Le seul moyen qu'ils peuvent mettre en usage pour atteindre ce but, c'est l'association. A l'époque où la production était restreinte, les associations de métier, locales, éparses, isolées, pouvaient suffire, mais quand la production est devenue internationale, il a fallu fédérer en associations. On y est parvenu en créant dans chaque ville une section par métier et en unissant ces sections dans une fédération locale; en formant des unions régionales d'une même profession et en fédérant ces unions dans la nation et dans le monde. C'est là la première raison d'être de l'Internationale; nous n'insistons pas sur ce sujet, il est compris de tous, l'expérience sur ce point a convaincu les plus incrédules.

C'est donc au fédéralisme qu'est due cette organisation de la lutte quotidienne. Quand plus tard l'Internationale songea de plus à changer les bases sociales actuelles, elle entreprit l'élaboration des principes de la société future et les moyens d'assurer leur avènement. On a vu sur ce terrain agir le droit de suffrage. Trancher à coups de majorité ces questions si importantes! Heureusement, les principes abattus par le scrutin trouvaient dans les sections leur sauvegarde. Les fédérations ne se décourageaient pas, ne les effaçaient pas de leurs programmes, et chaque jour les adhérents devenaient plus nombreux. La propriété collective par exemple est dans ce cas. Abattue au Congrès de Lausanne, la fédération belge l'a recueillie, la lumière s'est faite et la propriété collective est aujourd'hui triomphante. La *conquête du pouvoir politique* a été victorieuse à La Haye, grâce à une majorité Marxiste, toutes les fédérations ne l'ont pas pour cela acceptée comme règle de conduite. La question s'élabore dans les groupes de l'Internationale, et nous espérons que bientôt elle sera universellement abandonnée.

Heureuse l'Internationale, si le suffrage universel s'était borné à n'être pas l'expression sincère de la volonté collective ! Inutile, mais inoffensif, il n'aurait pas empêché le fédéralisme révolutionnaire de remplir son rôle. Mais, comme toutes les institutions, il devait développer toutes ses conséquences. Il l'a fait. Non content de substituer à la volonté de tous, celle de quelques-uns, cet instrument de domination gouvernementale a créé de toutes pièces le mécanisme destiné au triomphe de cette volonté factice.

Le suffrage universel, avons-nous dit dans les quelques pages qui précèdent, est un instrument destiné à créer d'abord un gouvernement, à le maintenir ensuite. Il crée un gouvernement en donnant une fois la majorité à certains hommes ; il le maintient dans leurs mains en jouant à leur profit le rôle d'une *expérience* dont les éléments sont les renseignements apportés sur l'état de la majorité par le vote à certaines époques électorales et pendant les intervalles ceux que l'on recueille par l'observation d'une Chambre représentant, en miniature, d'une manière permanente, la puissance numérique relative et les tendances des partis. Tout cela s'est fait au sein même de l'Internationale.

Quelle différence voit-on entre les anciens congrès tout puissants de l'Internationale et les Chambres parlementaires ? Entre ses conseils généraux et nos modernes gouvernements ? Nous n'en voyons aucune pour notre compte, et tout esprit vraiment impartial, qui s'arrête, non pas aux mots mais aux choses, n'en verra pas davantage. Certes, nous ne prétendons pas placer sur la même ligne les ouvriers qui ont siégé dans les institutions de l'Internationale et les bourgeois qui sont assis sur les bancs de nos Assemblées parlementaires. Il y a entre ces deux catégories d'individus la différence qui existe entre les exploiteurs et les exploités, entre l'erreur et le crime. Mais ces réserves faites, comme les fruits que portent les institutions dépendent fort peu du caractère des hommes, nous affirmons que tous ces congrès n'étaient qu'une variété du moderne parlementarisme, que l'on y obéissait aux mêmes règles, que l'on s'y servait des mêmes formules, que l'on y jasait de même sorte, que la première comme la plus désastreuse des conséquences était la constitution d'un pouvoir exécutif. Et ce pouvoir exécutif, appelez-le ministère, consulat, directoire, conseil général ; confiez-le à Gambetta, à Bonaparte, à Thiers ou à Karl Marx, il n'en est pas moins une institution tyrannique, immorale, néfaste, qu'il y a nécessité urgente de faire disparaître ; nous le répétons. L'Internationale, en acceptant le suffrage-instrument, a trouvé, grâce à lui, dans ses congrès omnipotents, dans ses tous puissants conseils généraux, un système gouvernemental véritable.

Si quelque doute subsiste dans l'esprit du lecteur sur l'exactitude de cette assimilation de nos anciens congrès, de nos conseils généraux, aux assemblées parlementaires et à leurs gouvernements, qu'il prête son attention aux lignes qui vont suivre. Cette analogie pour lui sera frappante lorsqu'il verra les *grands chefs* de l'Internationale (style Dentraygues), montés au Capitole, se démener pour s'y maintenir ; imiter en hypocrisie l'école monarchique, en ruse nos radicaux, en audace les préfets à poigne des plus beaux temps de l'empire.

Cet examen auquel nous allons nous livrer sera plus intéressant à un autre titre. Il dénoncera, en effet, l'inhabileté, le défaut absolu de science gouvernementale chez ces hommes qui rêvent à leur profit la conquête du pouvoir politique. Il nous les montrera impuissants dans cet art parlementaire de jouer des majorité qui a illustré les Guizot, les Thiers, les de Broglie. Il nous les fera voir ce qu'ils sont, de maladroits imitateurs des escamotages bonapartistes.

Nous ne pensons pas, l'épreuve faite au sein de l'Internationale, que le travailleur consente jamais à leur déléguer ses pouvoirs, qu'ils les demandent pour préparer le succès de la révolution sociale, qu'ils les réclament pour la diriger au lendemain du triomphe.

Au début, conserver le pouvoir leur fut chose facile. Ce n'était pourtant pas que ces hommes d'Etat eussent une vaste intelligence pratique. Loin de là. Ils avaient sous les yeux les résultats annuels des votes de l'Internationale. Ils pouvaient observer les tendances et la force numérique des différentes majorités qui se succédaient dans les congrès généraux. Cette expérience au sein de nos assemblées durait, il est vrai, quelques jours à peine. Mais, quelle compensation dans les enseignements des congrès régionaux, dans l'incertitude inséparable de l'usage fort répandu chez nous du mandat impératif? Ne possédaient-ils pas ces Richelieu tous les moyens de faire de leur gouvernement celui de la majorité internationale? Eh bien, toutes ces sources de renseignements furent pour eux lettre close. S'ils se maintinrent, il faut en chercher la cause dans d'autres considérations. Aucun principe, aucune politique n'avaient encore surgi au sein de l'Internationale; d'autre part, grâce au caractère collectif de notre association, les individus tenaient chez nous peu de place, les compétitions de personnes étaient inconnues. Voilà pourquoi les congrès leur conservèrent toujours et leur couronne et leur capital. Aucun pouvoir au monde n'obtint autant de confiance, aucun pouvoir au monde n'en méritait moins.

Cependant un point noir parut à l'horizon, au sommet des montagnes jurassiennes. L'ancienne fédération romande venait de se scinder en deux groupes, adversaires et partisans de l'intervention électorale du peuple. On comprend qu'une question semblable ne pouvait pas trouver indifférents des hommes qui avaient tant à se louer de l'emploi du suffrage; ils en avaient beaucoup obtenu, ils en espéraient plus encore. Dans les sphères gouvernementales, on prit donc partie pour les amis du scrutin, et, afin de peser dans la balance de tout le poids d'un gouvernement, on résolut de s'assurer à tout prix de la possession du pouvoir politique. Décidé à ne point tenir compte désormais, nous ne dirons pas de la volonté de l'Internationale, on n'y avait jamais songé, mais même de celle de la majorité, les systèmes de la *monarchie constitutionnelle et du radicalisme* devenaient inutiles. Un coup d'Etat fut résolu.

C'était au moment de la guerre franco-prussienne. On prétexta l'embarras causé par les circonstances pour ne point convoquer le Congrès réglementaire de 1870 et, plus tard, pour remplacer celui de 1871 par une conférence secrète. Celle-ci, composée de 23 membres, parmi lesquels siégeaient 13 délégués du seul conseil général, c'est-à-dire la majorité, prit deux résolutions dont l'importance n'échappera à personne. La première *(Résolution IX)* trancha la question de l'attitude politique de l'Internationale en faussant par l'addition de deux mots le sens d'un article de nos statuts :

« L'émancipation économique des travailleurs est le grand but auquel tout mouvement politique doit être subordonné *comme moyen.* »

Voilà pour l'intervention officielle dans la question posée dans la fédération romande.

La seconde *(Résolution XV)* balayait les congrès parlementaires de l'Internationale :

« La Conférence laisse à l'appréciation du conseil général le soin de fixer, selon les événements, la date et le siége prochain du congrès *ou de la Conférence qui le remplacera.* »

Voila pour le coup d'Etat.

L'attitude des fédérations devint alors si hostile que le conseil général sentit son existence en péril. Que faire? On n'avait pas de troupes pour occuper les salles des congrès régionaux comme Bonaparte les locaux des assemblées parlementaires; il fallut reculer. La convocation du congrès de La Haye fut résolue. On avait créé un pouvoir par des moyens imités de l'école impériale, on chercha à le défendre de la même façon, à délaisser la majorité véritable, à former une majorité factice. Ceux d'entre les travailleurs qui vivaient en pays libres, ont bien pu soupçonner, à cette époque, les menées souterraines de ceux qui nous gouvernaient, mais ceux-là seuls qui habitaient la France, ont pu voir dans l'Internationale la candidature officielle s'étaler dans toute sa laideur. Les Bonapartes remaniaient à leur gré les sections électorales? Les Marxistes les ont inventées. Exemple : Toutes ces sections françaises représentées à La Haye et qui n'existèrent jamais que dans l'imagination de nos gouvernants. Les Bonapartistes avaient les préfets à poigne, les candidats officiels? Les Marxistes ont eu les proconsuls agents de police, les mandats supposés. En présence de cette façon de fausser les résultats du suffrage, on peut dire que les finasseries de La Haye laissent bien loin derrière elles les tripotages électoraux de l'empire des plébiscites. A côté de l'invention récente de la section imaginaire du délégué fictif, la soupière à double fond et les circonscriptions électorales ne sont plus que des naïvetés ridicules.

Il y a donc eu un moment pour l'Internationale où le suffrage-instrument a rendu souveraine la volonté de quelques ambitieux. Mais, qu'allait-il advenir de cette volonté factice, si la volonté collective de l'Internationale venait après le congrès à se manifester, à se faire jour par l'organe des sections fédérées? Il y avait un danger à prévoir et à prévenir. On l'essaya. Comment? Le *suffrage* attaqua le *fédéralisme révolutionnaire!* L'individu fut chassé de l'Internationale; la section expulsée; une fédération entière suspendue!

On crut que l'Internationale était morte, et un long cri de joie éclata dans la presse bourgeoise. Tout était perdu, en effet, si l'on avait eu recours au suffrage, si l'on avait opposé gouvernement à gouvernement, consistoire protestant à concile orthodoxe. On se contenta d'assurer, par le pacte de Saint-Imier, l'indépendance des fédérations. Cette mesure, en apparencee si simple, suffit au salut de l'Internationale, tant il est vrai que c'est par le fédéralisme et non par le suffrage qu'une collectivité quelconque manifeste et fait sa volonté!

On aurait tort de croire que c'est le congrès anti-autoritaire de Genève qui a donné la victoire; il n'a fait que l'enregistrer. Il a constaté l'indépendance absolue de la section, provoqué la formation internationale des corps de métiers (A). En faisant cela, il a reconnu le fédéralisme révolutionnaire comme seule base, désormais, de l'organisation de l'Internationale. Il a signé l'acte de décès du conseil général; fermé l'ère des congrès parlementaires, en annonçant qu'à l'avenir les congrès ne seraient plus que des moyens d'unification, d'échange d'idées, entre les délégués des différents groupes (B), et qu'on n'y voterait plus sur les questions de principe (C). C'était détruire le gouvernementalisme créé par le suffrage-instrument, reconnaître que le suffrage-principe était inadmissible.

De ce qui précède, nous pouvons tirer comme conclusion quelques déductions pratiques suffisantes pour expliquer l'attitude d'une grande partie du prolétariat, attitude qui constitue ce qu'on a appelé quelque part « la politique du travail » ou « la politique du parti socialiste. »

Un long examen théorique, l'étude de l'histoire, ce champ expérimental de la science sociologique, l'observation du développement de l'Internationale, nous ont appris que le suffrage, même universel, n'est pas l'expression de la souveraineté populaire, celle-ci trouvant sa réalisation dans l'action permanente du peuple, du peuple scientifiquement organisé, maître de ses organes, la Commune et la Corporation.

Il a été démontré ensuite que, si le suffrage n'est pas un principe, il est dans les mains bourgeoises un puissant instrument de domination; que, transporté dans les mains du peuple, il serait un instrument inutile, même dangereux.

Puisque donc la Commune et la Corporation sont les seuls moyens qu'aura le peuple un jour de faire prévaloir sa volonté, il y a une attitude à prendre. Il doit faire ses efforts pour étendre l'organisation de l'Internationale, pour que les sections, les unions de métiers, contenant le plus de travailleurs possible, deviennent la base des communes libres, des corporations collectivistes de l'avenir. Puisque le suffrage n'est point un principe, mais un instrument de domination tyrannique, il doit le délaisser; il n'a pas le devoir de le défendre, il a le droit de l'attaquer.

Il n'a fait que cela, et cela suffit largement pour lui assurer une page immortelle dans l'histoire des revendications du prolétariat.

NOTES

a — Les fédérations et sections, composant l'association, conservent leur complète autonomie, c'est-à-dire le droit de s'organiser selon leur volonté, d'administrer leurs propres affaires sans aucune ingérence extérieure, et de déterminer elles-mêmes la marche qu'elles entendent suivre pour arriver à l'émancipation du travail. (*Art. 3 des nouveaux statuts.*)

Le 6e congrès général de l'Association internationale des travailleurs recommande à toutes les sections l'organisation par corps de métiers et par fédérations régionales et internationales, ainsi que la constitution des unions de métiers.....

b — Le congrès chargera chaque année une fédération régionale de l'organisation du congrès suivant. La fédération qui aura reçu ce mandat servira de bureau fédéral à l'Association........ » (*Art. 8.*)

La mission du congrès est de mettre en présence les aspirations des travailleurs des divers pays, et de les harmoniser par la discussion.

Il ne sera fait usage du vote que pour les questions administratives, les questions de principes ne pouvant être l'objet d'une votation. (*Art. 6.*)

Errata.

NB. **Nous engageons le lecteur à corriger sur son exemplaire les fautes indiquées dans cet Errata, avant d'entreprendre la lecture de cette brochure.**

* * *

Pag. 14, ligne 29 — **systématique.** lisez **synthétique.**
„ 19, „ 2 — **Vicomte,** „ **Comte.**
„ 28. „ 27 — **du** respect, „ **de** respect.
„ 33, „ 28 — ne **savent-**ils, „ ne **savaient-**ils.
„ 35, „ 16 — **ta** tête, „ **la** tête.
„ 37, „ 2 — **la** tourner, „ **le** tourner.
„ 37, „ 20 — parait **faite.** „ parait **facile.**
„ 42, „ 16 — ce **qui** reste, „ ce **qu'il** reste.
„ 42, „ 24 — on **emportera.** „ on **amputera.**
„ 47, „ 13 — le droit d'**écurie.** „ le droit **d'écrire.**
„ 50, „ 13 — **la** réaliser, „ **le** réaliser.
„ 58, „ 26 — leur **capital.** „ leur **capitale.**
„ 61, „ 23 — supprimez le renvoi **(c)**.
„ 61, „ 25 — Après les mots **était inadmissible** ajoutez: Il n'a fait que cela, et cela suffit largement pour lui assurer une page immortelle dans l'histoire des revendications du prolétariat.
„ 62, „ 14 — **il y a** une attitude, lisez **il a** une attitude.
„ 62 — supprimez les trois dernières lignes.

www.ingramcontent.com/pod-product-compliance
Ingram Content Group UK Ltd.
Pitfield, Milton Keynes, MK11 3LW, UK
UKHW020346250726
13967UKWH00005B/2145

9 782012 973954